Wannabe Celebrity

워너비 셀레브리티

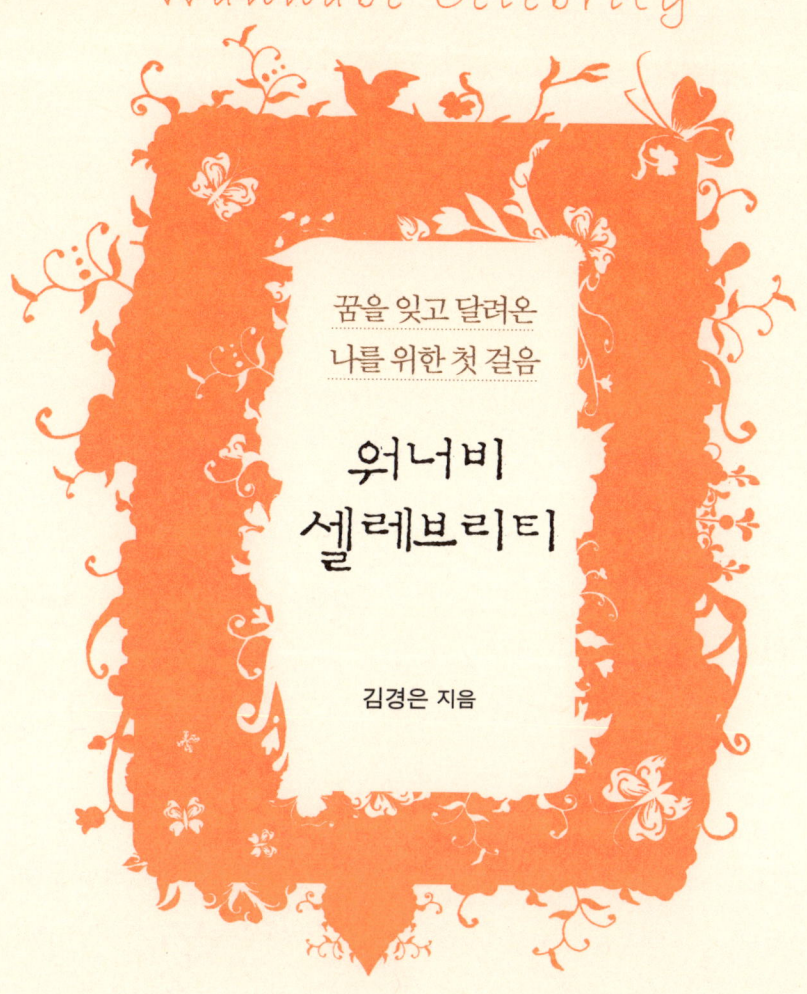

Wannabe Celebrity

꿈을 잊고 달려온
나를 위한 첫 걸음

워너비
셀레브리티

김경은 지음

글라이더

원한다면 꿈꾸어라
당신도 그녀처럼 될 수 있다

나는 늘 이 시대의 '위인'들보다는 '셀레브리티'들에 더 큰 관심을 기울이게 된다. 비단 나에게만 일어나는 현상은 아닐 것이다. 많은 이들이 셀레브리티들에 대해 호기심을 보이며 그들을 알고 싶어 하고 인생의 롤모델로 삼는다. 그리고 자기 자신도 셀레브리티가 되기를 꿈꾼다.

위인이 타고난 위대한 기질과 윤리의식으로 인해 이룩된 거대하고 성스러운 인물이라면 셀레브리티는 여러모로 노력하다 보면 어쩌면 도달할 수 있는 위치라는 뉘앙스를 풍기는 인물들이기 때문이다. 위인들에게 존경심과 경외심을 품을 수 있다면 셀레브리티들에게는 좀 더 인간적인 친밀감과 나도 할 수 있다는 자신감을 느낄 수 있게 되는 것이다.

각종 커뮤니케이션 환경의 변화로 과거 소수에게만 집중되던 대중의 관심도 이젠 그 폭이 점점 넓어지고 있다. 우리 주변에는 연예인보다 더 유명한 블로거도 존재하며 정치인보다 더 정치를 잘할 것 같은 소셜테이너도 있다. 사업적인 목적으로 만들었던 쇼핑몰이 대박나며 이름만 대면 누구나 알 만한 유명인이 된 인물도 있고, 문학성이 높진 않지만 많은 이들이 재미있어 하는 만화나 소설을 써서 이름을 떨친 사람도 있다. 당신이 잘할 수 있는 한 가지 특성을 잘 살려서 개발한다면 얼마든지 셀레브리티로서의 인생을 살아갈 수 있는 것이다.

니체는 "인간이라면 더 많은 권력을 욕망한다"는 말로 인간의 본성을 설명했다. 더 많이 알려지는 것 자체가 하나의 권력이 될 수 있는 이 시대에 '유명 인사'라는 사전적 뜻을 갖고 있는 셀레브리티는 우리 모두가 꿈꾸는 지점의 인물일 수 있다. 이 책에 실려 있는 여성들의 삶은 우리가 셀레브리티에 이를 수 있는 가이드라인을 제시해준다.

꿈을 꾸는 사람은 결국 그 꿈과 닮은 인생을 살게 된다. 그리고 자신이 꿈꾸는 삶과 비슷한 인생을 먼저 살았던 사람이 있다면 우리는 어떻게 살아야 하는가에 대한 보다 구체적인 삶의 계획을 세울 수 있다. 이 세상의 모든 셀레브리티가 당신의 롤모델이 될 수는 없겠지만 다양한 셀레브리티의 삶을 통해 자신이 원하는 바가 어떤 것인지 구체적으로 알게 될 수 있다. 그로 인해 좀 더 구체적인 꿈을 꿀 수 있게 되고, 꿈과 가까운 인생을 살 수 있게 될 것이다.

세상에서 가장 럭셔리한 가방에 자신의 이름을 붙인 제인 버킨, 아름다운 인생의 대명사인 오드리 햅번, 시련을 극복하고 세기의 화가가 된 프리다 칼로를 부러워하고만 있을 필요는 없다. 당신에겐 그녀들보다 더 멋진 삶을 살아갈 권리가 있다. 게다가 우리는 그녀들보다 셀레브리티로서 더 가능성 있는 시대를 살아가고 있지 않은가.

이 책을 쓰는 일 년 여의 시간 동안 내 인생도 조금씩 변화되었음을 감지할 수 있었다. 제인 구달의 일생을 훑으며 자연을 생각하게 되었다. '에코 라이프'가 그저 하나의 트렌드가 아니라 나 자신에게도 필요한 삶의 형태라는 것을 깨닫게 되었고 자그마한 실천들을 시작했다. 예전에는 귀찮아서 종량제 봉투에 넣어 버리던 작은 비닐이나 플라스틱 용기도 이제 재활용하기 위해 따로 담아둔다. 일상과 내면의 균형 감각을 가장 중시했던 오프라 윈프리를 보면서 쉬고 있던 요가를 다시 시작하며 몸과 마음을 단련하고 가다듬었다. 이 시대를 대표할 만한 영화 〈해리 포터〉 시리즈의 탄생 배경을 알고 난 후 내 일상의 어느 한 부분도 쓸데없다고 생각하지 않게 되었다. 멍하니 서서 버스를 기다리고 있는 시간까지도 말이다.

이러한 삶의 작은 변화들이 내 인생에 지대한 영향을 줄 수 있을지는 사실 잘 모른다. 그렇지만 시대의 셀레브리티가 된 위대해 보이기만 하던 그녀들이 사실은 나와 크게 다르지 않은 연약한 사람이라는 것을 알게 되었다. 그저 꿈꾸는 인생과 비슷한 인생을 살기 위해 아주 작은 실천들이 필요했을 뿐이다. 프리다 칼로가 디에고 리베라에게 자신의 그림을 평가해달라고 부탁하기 위해 찾아갔던 그 순간, 에바 페론이 부에노스 아이레스를 꿈꾸며 자신이 살던 작은 농장을 떠나던 그 순간, 마사 스튜어트가 시골에 있던 폐가를 사들여 수리를 시작하던 그 순간에 말이다. 그 변화의 순간들은 로켓이 우주를 향해 발사되는 것 같은 웅장하고 위대한 일은 아니었다. 오늘 우리에게도 얼마든지 일어날 수 있는 일들이다.

자신의 꿈을 이루기 위해 두려움 없이 아프리카로 떠났던 제인 구달, 오페라 가수에 어울리는 외모를 갖기 위해 혹독한 다이어트를 실행한 마리아 칼라스, 우리와 같은 시대를 살아가며 지금보다 더 큰 꿈을 이루기 위해 고군분투하고 있는 힐러리 클린턴도 모두 워너비 모델이 될 수 있다. 그리고 오프라 윈프리의 말처럼 당신에게는 그녀들보다 더 큰 꿈을 이루어낼 수 있는 내재된 힘이 이미 존재한다.

그녀들의 삶에 일어난 그 작은 변화의 순간들을 관찰해보자. 그때마다 그녀들이 어떤 선택을 하며 인생을 개척해나갔는지를 유심히 살펴보자. 이 작은 비밀을 알게 된다면 우리는 삶을 좀 더 유익하게 살아갈 수 있을 것이다. 우리에게 주어진 인생을 좀 더 잘 살아내고자 하는 욕망이 당신에게 존재하고 있다면 말이다.

언젠가 당신의 인생 또한 〈워너비 셀레브리티〉라는 책에 실려지길 기원하며, 이제 당신이 26번째 셀레브리티의 주인공이 될 차례이다.

| CONTENTS |

Chapter 04

절망을 힘으로 삼은 의지의 셀레브리티

Chapter 05

자신만의 가치를 발견한 긍정의 셀레브리티

Chapter 01
자신과 타인의 인생을 변화시킨
희망의 셀레브리티

자신의 이름으로 당당히 사는 여자 · 힐러리 클린턴
당신의 인생은 당신 것이다

일과 삶의 균형을 맞춘 세계 최고의 진행자 · 오프라 윈프리
기본에 충실하면 무엇이든 이룰 수 있다

미얀마 민주화의 수호신 · 아웅 산 수 치
신념이 있다면 실행하라

톱모델이 된 유목민 소녀 · 와리스 디리
인생은 우리에게 주어진 거대한 선물이다

겸손함과 부지런함의 미덕을 지닌 정치인 · 박근혜
배움을 멈추지 않을 때 삶은 좀 더 옳은 방향으로 흘러간다

우리는 신문과 텔레비전을 통해 다양한 셀레브리티를 만나볼 수 있다. 이들 중 우리에게 가장 감동을 주는 사람들은 자신의 인생만을 개척해 낸 사람이 아니라 모두와 더불어 살아가는 새로운 세상을 꿈꾸고 우리 모두를 위해 일하고 있는 인물들이다. 자신에게 주어진 인생을 통해 이 세상을 좀 더 긍정적이고  소중한 존재로 바꿔나가고 있는 셀레브리티 말이다. 지구상에서 가장 고통 받는 땅인 사마리아에서 유목민으로 살던 중 자신에게 주어진 운 명을 깨고 세계로 나와 톱모델이 된 와리스 디리처럼. 그녀의 인생은 어 린 아프리카 소녀들의 꿈이 되어주었으며, 그녀의 행보는 죽어가고 있는 아프리카 땅에 세계 인의 관심을 집중시키는 데 큰 영향을 끼치고 있다. 또 흑인이라는 편견  을 깨고 세계 최고의 진행자가 됨과 동시에 자신의 기업을 갖게 된 오프 라 윈프리 또한 주목해야 할 인물이다. 기본에 충실하면 자신의 신분이 나 환경은 뛰어넘을 수 있다고 믿는 그녀는 인생의 굴곡에 좌절해 있는

많은 이들에게 꿈이 되어주고 있다. 독재 군부정권에 의해 많은 젊은이들이 피를 흘리며 죽어가고 있는 미얀마의 민주화를 위해 운동하는 아웅 산 수 치는 세계 민주화의 수호신으로 떠올라 미얀마를 향한 세계인의 관심을 촉구시키고 있다. 또 여자라는 편견에서 벗어나 정치권에 뛰  어들어 최초의 미국 여성 대통령과 한국 여성 대통령을 꿈꾸는 힐러리 클린턴과 박근혜도 있다. 우리나라 경제 성장의 광경을 가장 가까운 곳에서 목도한 박근혜는 남성들 위주의 정치권에서 유력 대통령 후보로 선전하고 있으며 힐러리 클린턴 또한 미국은 물론 세계 정치계에 영향을 주는 유력 인사로 성장함으로써 남편 빌 클린턴의 그늘에서 완전히  벗어났다. 지금부터 자신의 인생은 물론이고 타인의 인생까지도 변화시킬 수 있는 희망의 셀레브리티를 만나보자.

당신의 인생은 당신 것이다

자신의 이름으로 당당히 사는 여자

힐러리 클린턴 (Hillary Rodham Clinton)

한 아이가 엄마로부터 경찰서장의 집을 찾아가 서류를 받아오라는 심부름을 받게 된다. 아이는 엄마가 적어준 주소를 보고 찾아가 벨을 누른다. 한 아주머니가 나와 누구냐고 묻자 아이가 다시 묻는다.

"아저씨는 어디 가셨나요?"

"잠깐 나가셨단다."

아이는 그냥 집으로 돌아오지만 사실은 문을 열어준 아주머니가 경찰서장이었다. 여자 경찰서장이라는 의미에 익숙하지 않은 아이는 당연히 경찰서장이 '남자'일 거라 생각하고 말았던 것이다.

오늘날 직업에 따른 남성과 여성의 차이는 조금씩이나마 없어져가는 추세이기는 하다. 1995년 세계여성대회에서는 성에 대한 개념으로 섹스 (sex)보다 젠더(gender)를 사용하는 것이 더 적합하다는 내용이 합의되었다. 젠더란 사회적인 성으로서 생물학적인 성을 뜻하는 섹스라는 단어와 달리 사회 문화적인 과정에서 획득하고 형성된 성을 의미한다.

남녀 차별적인 섹스라는 단어보다 대등한 남녀 간의 관계를 내포하기도 한다. 1995년 이러한 내용이 선포되고 18년이나 흘렀음에도 불구하고 여전히 보이지 않는 차별은 존재하지만 말이다.

여전히 많은 여성들이 태어나는 순간부터 여성이라는 이유로 그 특유의 기질이 학습되며 여성적인 성격을 얻게 된다. 미디어와 사회는 무의식적으로 여성에게 '여성이 되기'를 강요한다. 여자 아이에게는 핑크색 옷을 입혀주어야 하고 자라는 동안은 조신하게 행동해야 하며 성인이 되어서는 가정을 지키는 내조자의 역할을 수행하는 것이 훌륭한 여성이라며 끊임없이 우리의 머릿속에 속삭인다. 젠더라는 말은 어떠한 학습을 받느냐에 따라 그 사람의 기질이 달라진다는 것을 인정하는 용어이다.

시몬느 드 보부아르의 말처럼 "여자는 여자로 태어나는 게 아니라, 여자로 만들어진다"는 것이다. 그러나 이런 변화들에도 불구하고 여전히 우리 사회는 젠더가 아닌 섹스의 영향을 더욱 크게 받고 있다.

우리는 일정 직업에 대한 성적 편견 또한 갖고 있다. 사회의 지도층이나 위험한 일, 규모가 큰 일은 모두 남자만의 이미지로 그려진다. 그래서 남성 대통령 옆에 수줍은 모습으로 서 있는 '퍼스트레이디'의 모습은 쉽게 상상할 수 있지만, 여성 대통령 옆에서 '퍼스트젠틀맨'의 모습으로 서 있는 남성의 모습은 쉽게 수긍하기 어렵다.

지금부터 소개하려는 사람은 사회적으로 묵인되고 있는 우리 사회의 성에 대한 편견을 깨고, 미국 전 대통령을 미국 최초의 '퍼스트젠틀맨'으로 만들고 싶어하는 여성이다.

여성으로 태어나 남성들이 점유하고 있다시피 한 정치판에서 국무장관으로 살아가고 있으며, 미국 역사상 가장 해외 순방을 많이 한 국무장관이자 '대통령이었던 남편의 불륜'이라는 삶의 위기를 이겨내고 결국 남자도 여자도 아닌 당당한 '정치인'으로 우리 앞에 선 우리 시대의 진정한 셀레브리티이다.

책 읽는 소녀

"불가능한 것은 아무 것도 없단다."

이는 힐러리 클린턴이 어린 시절부터 아버지에게 배웠던 가르침이다. 1947년 일리노이 주 시카고에서 태어난 힐러리는 시카고 시내에서 작은 사업체를 운영하는 아버지를 두었으며 교외인 파크리지에서 여유롭고 평화로운 가정 생활을 했다.

그녀에게 특별한 것이 있었다면 '힐러리'라는 중성적인 이름을 갖게 되었다는 것이다. 힐러리는 파란 바지를 입은 소년에게도 붙여질 수 있는 이름이었다. 그녀의 어머니 도로시는 베스나 수잔보다는 자신의 딸을 힐러리라는 이름으로 부르고 싶어했다. 그리고 자신의 딸이 순종적인 가정주부가 되기보다는 자기 인생의 주연이 되어 주체적인 인생을 살아가길 바랐다.

"너는 세상에서 하나밖에 없는 존재다. 남들이 어떻게 생각하든 신경 쓰지 말고 그냥 너 자신의 인생을 살면 된다"는 게 어머니의 가르침이었다. 부모로부터 이러한 가르침을 받았던 그녀는 미국 최초의 여성 대통령이 되는 꿈을 꿀 수 있었고, 자신이 원하는 것은 아무리 불가능해 보이는 것이라 할지라도 이루어낼 수 있다고 믿으며 살게 되었다.

힐러리의 아버지는 자식 교육에 있어서도 남자와 여자의 차이를 두지 않는 사람이었다. 어린 시절 그는 두 아들과 힐러리를 근처 탄광으로 데려가 "공부를 하지 않으면, 훗날 이런 곳에서 일하게 될지도 모른다"라고 말하며 남자든 여자든 교육이 소중하다는 것을 강조하기도 했다.

삼촌으로부터는 고전 문학을 지도받게 되는데 이때부터 심도 깊은 독서 습관을 들이게 된다. 닥치는 대로 책을 읽던 습관은 조리 있게 말하는 방법과 논리 정연한 사고 체계를 갖게 만들었고 지식에 대한 열망을 그녀에게 선물한다.

이렇듯 남자와 여자를 가리지 않고 지식을 권장했던 그녀의 성장 환경은 여성이라서 한계점이 있는 인생을 사는 게 아니라, 누구든 원하고 노력하면 꿈꾸는 만큼의 삶을 살 수 있다는 점을 알려주었다. 그리고 그 꿈을 이루기 위해서는 그만큼의 자산, 즉 지적 자산이 필요하다는 것 역시 마음 속 깊이 깨닫게 되었다.

어려운 상황에서 진정한 강인함을 발휘하다

힐러리에게 남편 클린턴의 존재는 때론 힘이 되기도, 때론 절망을 안겨주기도 하는 매우 복잡한 존재였다. 대통령의 부인인 '퍼스트레이디'라는 자리 역시 힐러리에게 견디기 어려운 곤란함을 종종 안겨주곤 했다.

힐러리가 클린턴과의 관계에 가장 위협을 느꼈던 순간은 전 세계인이 알고 있는 르윈스키 사건 때였을 것이다. 1998년 대통령이었던 클린턴과 백악관 인턴이었던 모니카 르윈스키와 관련된 혼외정사 소문이 떠돌기 시작했으며 사건은 빌 클린턴의 탄핵이 거론될 정도로 커져나갔다. 하지만 이때에도 힐러리는 사건 자체가 우익의 음모라고 일축하며 클린턴에게 아무 잘못이 없음을 믿는다는 소견을 밝혔다.

얼마 후 이 소문이 사실이었음이 밝혀지고 난 후 사람들은 두 사람 사이에 문제가 생길 거라고 예측했지만 힐러리는 사람들의 예측을 따르지 않았다. 결혼에 대한 믿음과 빌 클린턴에 대한 믿음을 저버리지 않을 것이라고 사람들 앞에서 당당하게 밝힌 것이다. 이러한 영부인의 결단을 국민들은 긍정적으로 평가했으며 이때 힐러리에 대한 국민 지지도는 71%까지 올라간다.

훗날 자서전에서 그녀는 이때 결혼에 대한 회의에 빠지기도 했지만 빌 클린턴은 이때까지 만나본 사람들 중 가장 유머러스하며 열정적이고 활발한 사람이라고 밝히며 그에 대한 애정이 쉽게 흔들리는 것이 아님을 다시 한 번 언급한다.

"한 여자가 자신의 문제로 인해 신경질적인 발작을 일으키는 대신에 농담을 던질 수 있다면 그녀는 더 이상 어떤 일도 망치지 않는다"는 데일 카네기의 말을 사실인 것으로 확인시켜주는 일화이다. 부부 사이의 일은 두 사람의 문제이지 대중에게 휩쓸려서 좌지우지할 일이 아님을 그녀는 알고 있었던 것이다. 오히려 모두가 빌 클린턴을 탄핵하려 할 때 그에게 믿음의 한 표를 건네주며 이 부부 사이는 예전보다 더욱 돈독해졌다.

만약 이 문제가 이혼으로까지 이어졌다면 빌 클린턴과 힐러리 클린턴 모두의 이미지는 심한 타격을 입고 말았을 것이다. 어쩌면 현재의 빛나는 힐러리의 모습 역시 존재하지 않았을지도 모른다.

앨리너 루즈벨트는 "여자는 티백과 같아서, 뜨거운 물에 빠지기 전에는 여자가 얼마나 강한지 아무도 모른다"고 이야기했다. 힐러리의 진짜 힘은 그녀가 위험에 처했을 때 빛을 발했다. 게다가 그녀의 판단은 '정치가의 아내'로서가 아닌 '정치가 본인'의 입장으로 봐서도 더할 나위 없이 훌륭했다.

영부인이 아닌 정치가로 우뚝 서다

비록 대중 앞에서 '한 여자의 아내'로서 멋진 모습을 보여주기는 했지만, 힐러리는 기본적으로 자신의 가치를 알고 또 존중할 줄 아는 여성이었다. 이를 알려주는 유명한 일화가 있다.

클린턴 대통령 부부가 차를 타고 가다 기름이 떨어져 주유소에 들렀다. 우연히도 주유소 사장은 힐러리 클린턴의 옛 남자친구였고, 돌아오는 길에 클린턴이 농담을 던졌다.

"만일 당신이 저 남자와 결혼을 했다면 지금 주유소 사장 부인이 되어 있겠지?"

힐러리가 바로 되받아쳤다.

"아니, 저 남자가 미국 대통령이 되어 있겠죠."

이 이야기는 힐러리 클린턴의 성격을 우리에게 분명히 제시해준다.

잘난 남자를 만나 퍼스트레이디의 자리에 오르게 된 것이 아니라 자신을 만났기 때문에 남편이 미국의 대통령이 되었다는 자신감은 힐러리의 진심에서 우러나온 것이었다. 아무리 겸손이 모든 거짓말 가운데 가장 불쾌감을 주지 않는 것이라 해도 뼛속까지 당당한 여인 힐러리에게 겸손은 필요하지 않았다.

2011년 〈USA 투데이〉지의 여론 조사에 의하면 미국인들에게 가장 존경 받는 인물 1위는 오바마 대통령이었고 여성으로는 힐러리 클린턴이었다. 이는 단순히 힐러리가 퍼스트레이디의 삶을 성공적으로 마쳤기 때문만은 아닐 것이다.

클린턴이 대통령 임기를 마치자 힐러리는 보란 듯이 각종 사회 활동을 펼쳐나갔으며 민주당 대통령 경선에서 패배하자 오바마를 전폭적으로 지지하며 그를 대통령으로 만들어냈다. 퍼스트레이디의 자리를 넘어 어느새 남편인 클린턴보다 더 높은 입지를 쌓았던 것이다. 많은 이들이 힐러리가 없었다면 오바마가 흑인 최초의 대통령이 되기는 힘들었을 것으로 예측한다.

현재 미국의 국무장관인 그녀는 국민 통합 능력과 국정 수행 능력을 인정받으며 승승장구하고 있다. 그녀를 두고 미국 최초의 여성 대통령이 나오지 않을까 하고 조심스럽게 추측하는 사람들도 생겨나고 있다.

그녀는 이제 클린턴 대통령 옆에 서서 환하게 미소 짓던 과거의 모습을 사람들의 머릿속에서 완벽하게 지워내고 한 명의 정치인으로서 독자성을 인정받는 데 성공했다.

실패의 경험에서 성공을 엿보다

한때 '퍼스트레이디'로서의 모습이 너무나 강렬했던 탓에 사람들은 힐러리가 클린턴을 만나 정계에서의 영향력을 쌓기 시작한 거라고 쉽게 착각하곤 한다. 그러나 그녀는 클린턴과는 상관없이 앞을 보고 끊임없이 도전하며 살아왔다. 나는 이렇게 말하고 싶다. 힐러리는 오직 자신의 꿈을 이루기 위해 학교를 다니고, 선거에 참여했으며, 변호사 활동을 성공적으로 해나갔다고. 실패조차 '좋은 경험'이라 말하며 담담히 자신의 경력을 쌓아나갔다고. 어쩌면 힐러리가 클린턴 전 대통령의 후광을 받아 지금의 자리에 이른 것이 아니라 힐러리의 영향력으로 이들 부부가 승승장구하고 있는 것인지도 모른다. 실제로 주유소에서의 일화나 르윈스키 추문에 관한 자서전의 언급을 보면 이런 주장이 더욱 설득력 있게 느껴진다.

힐러리가 클린턴을 만난 건 그녀가 웰슬리대학교를 졸업하고 예일대학교 법학대학원에 입학하여 학회지 편집자와 아동학연구소 등에서 활발한 활동을 펼치기 시작할 때였다. 이때 같은 대학교에 다니고 있던 빌 클린턴을 만났다. 예일대학교에 다니던 시절 힐러리는 여름방학을 이용하여 텍사스 주에서 대통령 선거에 민주당 후보로 출마한 조지 맥거번을 도와 선거 운동에 적극적으로 참여하기도 했다. 비록 맥거번은 선거에서 패했지만 힐러리는 훗날 이것을 "좋은 경험이 되었다"고 회고한다.

이후 변호사 일을 원하던 힐러리는 아칸소 주에서 변호사 자격을 얻고 1974년에는 법사위 탄핵 조사단 조사위원으로 참여할 기회를 얻는다. 당시는 리처드 닉슨 대통령의 워터게이트 사건이 드러나며 탄핵이 추진되고 있었던 시점이었다. 이때 빌 클린턴은 아칸소 주에서 연방 하원의원 선거 출마를 준비하고 있었다.

빌 클린턴이 선거에서 패하고 힐러리 클린턴의 탄핵위원회 일도 종료되자 두 사람은 아칸소 주에 있는 대학교에서 함께 학생들을 가르친다. 그리고 1975년 결혼식을 올렸다. 이후 힐러리는 지미 카터의 선거운동원으로 들어가 그가 대통령이 되는 것을 가까이에서 지켜보고, 빌 클린턴은 아칸소 주의 검찰총장 선거에 출마한다. 이후에도 그녀는 법적지원재단의 이사로 임명되어 최초의 여성회장으로 당선되기도 했으며 법률회사의 공통파트너 변호사로 승진하기도 하고 농촌지역건강지원위원회의 회장으로 임명되기도 했다. 아칸소 주의 유력 인사로 미국에서 가장 영향력 있는 변호사 100인 중 한 명으로 두 번이나 뽑히기도 했다.

빌 클린턴 옆에 서 있는 힐러리 클린턴. 아마 우리가 이 모습을 쉽게 떠올리게 된 것은 빌 클린턴이 아칸소 주의 주지사에 당선된 이후부터인 것 같다. 그때부터 힐러리와 클린턴은 함께 각종 활동을 펼치며 빌 클린턴을 대통령으로 만들기 위한 준비 작업을 시작한다. 빌 클린턴에게 힐러리는 말 그대로 '꼭 필요한 사람'이었던 것이다.

힐러리 스타일, 세계를 누비다

우리가 힐러리의 모습을 뇌리에서 쉽게 잊어버리지 못하는 것은 그녀의 당당한 태도와 지적인 면에도 있지만 '힐러리 스타일'이라고도 불리는

"인간의 권리가 여성의 권리이며,
여성의 권리가 곧 인간의 권리입니다."

그녀의 패션에도 일정 부분 기인한다. 힐러리는 "스타일의 중요성은 가족이 가르쳐주지 않았고, 웨슬리대학교와 예일대학교도 내게 주입시키지 못했다. 당신의 스타일은 주변 사람들에게 매우 중요한 메시지, 바로 당신이 누구이며, 어떤 사람인지, 더불어 당신이 세계에 대해 가지고 있는 희망과 꿈도 말해준다"고 우리에게 이야기한다.

힐러리는 자신의 정치 인생을 위해 패션까지도 활용할 줄 아는 여성이었다. 사실 정치가에게 스타일은 그 어떤 슈트보다 더욱 강력한 무기가 될 수 있다. 그녀가 자주 입고 등장하는 파란색 슈트는 자신이 속해 있는 민주당의 진보적인 성향과도 관련이 있다. 또 민주당의 주된 지지 세력인 블루 계급과의 통일성을 주며 민심을 얻기도 했다.

과거에도 파란색 정장을 선호했던 여성 지도자가 있었는데, 바로 철의 여인이었던 마가릿 대처다. 마가릿 대처는 자신의 정치적 경력을 쌓으며 연한 하늘색에서 점점 진한 컬러의 파란색 옷을 입게 된다. 힐러리 역시 자신의 컬러를 점차 바꾸어나가는데, 영부인이었던 시절의 모습이 붉은색 계열의 정장으로 대변된다면 자신의 이름을 건 정치인이 되면서부터는 파란색 계열의 정장으로 변신을 꾀한다.

힐러리가 사랑하는 아이템 중 대표적인 것으로 진주 목걸이 또한 빼놓을 수 없다. 아름다움과 성숙미, 그리고 여성성을 돋보이게 하는 이 아이템은 그녀가 어떤 컬러의 옷을 착용하든지 함께 한다. 진주 귀걸이 또한 단정하며 세련된 멋을 주어 그녀가 사랑했던 아이템이다. 비록 작은 패션 아이템일 뿐이지만 이 둘은 그녀가 세상에 대해 갖고 있는 비전을 간접적으로 보여주는 중요한 장치들이다.

당신의 인생은 당신 것

힐러리 클린턴은 어린 시절부터 영부인이 아닌 대통령을 꿈꿔온 여자였다. 1993년 1월 남편인 빌 클린턴이 대통령에 당선되며 미국의 퍼스트 레이디가 되었지만 어쩌면 이 당시에도 그녀는 자신이 영부인이라는 생각 대신에 차기 대통령 후보로 차곡차곡 정치적 경력을 쌓아가고 있는 중인 것이라 생각했을지도 모를 일이다.

클린턴의 임기가 끝나자 그녀는 상원의원 출마를 발표한다. 공화당의 릭 라지오와 대결한 그녀는 2000년 11월에 열린 선거에서 55%의 지지를 받으며 당선된다. 이후 국방위원회의 상원의원으로 아프가니스탄에서의 군사 작전을 지시하기도 했으며 9·11 테러 참사를 위한 기금 조성에 힘쓰는 등 민감한 사항의 정치적 활동에 적극적으로 참여하며 자신의 입지를 다져나간다. 2004년 상원의원 재선에 성공하고 2008년에는 대선을 위한 본격적인 출마를 선언한다. 비록 오바마가 과반의 대의원을 확보하며 민주당 대선 후보 경선에서 패하긴 했지만 패배의 아픔을 털어버리고 오바마를 적극적으로 지지하며 그가 대통령이 되는 것을 도우며 자신의 입지를 굳혔다.

"제 어머니는 여성에게 투표권이 주어지기 전에 태어났습니다. 우리 딸 첼시는 대통령 후보가 되라고 엄마에게 투표했습니다. 이제 어떤 방식으로 이 나라를 변화시켜야 할까요?"

과거에는 아예 불가능해 보이던 여성 참정권도 1960년대가 되면서 미국의 모든 여성들에게 투표권이 주어지며 현실로 이루어졌다. 여성 정치인이라는 말 역시 예전에는 떠올리기 힘든 단어였지만 이제는 미국이 아닌 우리나라에서조차 그리 어색하지 않다. 우리는 선거도 할 수 있으며, 원한다면 선거에 출마할 수도 있다. 이런 시점에서 우리는 과연 무엇을 해야만 할까? 아마 힐러리는 우리에게 이런 것을 말하고 싶었을 것이다.

"여성으로서의 입장 때문에 불가능할 것이라는 생각은 버리세요. 사회에서 필요한 면모를 여성 또한 갖추고 있으며 오히려 그 부드럽고 섬세한 기질을 이용하여 보다 큰일을 이루어낼 수 있을 겁니다."

스스로의 모습에 회의가 든다면, 한 번쯤이라도 남편이나 연인에게 기대어 자신의 꿈을 이루어보려는 생각이 들 때가 있다면, 그럴 때면 힐러리의 모습을 떠올려보자. "주유소의 남자와 결혼해도 그를 대통령으로 만들고 말았을 것이다"라는 그녀의 자신감을 생각하며 다시 한 번 걸어갈 힘을 내보도록 하자.

남편이나 연인의 이름을 빌어 자신이 꿈꿨던 위치에 도달하겠다는 생각 또한 버려라. 당신이 당신의 이름으로 빛나고 있을 때, 당신은 온전히 당신 인생의 주연이 될 수 있을 것이다. "실패 역시 좋은 경험이지요"라는 힐러리의 말처럼 실패하든 성공하든 당신의 인생은 당신 것이니까.

기본에 충실하면 무엇이든 이룰 수 있다

일과 삶의 균형을 맞춘 세계 최고의 진행자

오프라 윈프리 (Oprah Winfrey)

유명한 여성들의 방을 소개하는 책에서 오프라 윈프리가 많은 시간을 보내는 그녀의 스튜디오에 관한 글을 읽은 적이 있다.

하루의 일과를 초로 재단하여 살고 있는 바쁜 사람 이미지의 편견을 깨고 그녀의 공간은 안락한 일인용 소파와 수제 러그, 그녀가 사랑하는 책, 십자가 조각상 등으로 꾸며진 고즈넉한 곳이었다. 스스로 '자아와 교감하는 방'이라 이름 붙인 이곳에서 오프라는 재충전의 시간을 갖고 일하는 시간에 더욱 집중하며 살 수 있는 힘을 얻는다고 말한다.

한쪽 벽면에 걸려 있는 액자에는 '너는 더 이상 어떤 도움도 필요하지 않아. 너는 항상 능력이 있었어'라는 문구가 자리를 하고 있다. 〈오즈의 마법사〉에 나오는 마녀 글린다의 말인데, 오프라가 가장 좋아하는 문구라고 한다.

세계 최고의 자리에 오르고, 그 자리를 유지하기 위해 오프라 윈프리가 가장 중요하게 생각하는 것은 삶의 균형이다. 흔히 예술가 타입의 사람들이 낮과 밤이 뒤바뀐 생활을 하고 자유를 즐긴다는 명목하에 잘 짜인 일과표 대신 감정에 충실한 인생을 살아간다면 오프라는 일찍 잠자리에 들고 그 누구보다 이른 시간에 아침을 맞이하며 틈틈이 책을 읽고, 일주일에 하루는 핸드폰도 꺼둔 채 휴식을 취하는 규칙적인 삶을 살아가고 있다.

"나는 항상 능력이 있었어. 무엇이든 할 수 있지"라고 스스로 주문을 외우며 말이다. 이것은 그녀의 건강에도 큰 도움을 주는 습관이다. 일할 때는 열심히 일하고 쉴 때는 아무것도 하지 않은 채 휴식을 즐기는 것으로 유명한 유대인들이 암에 잘 걸리지 않는 것과 유사하다.

얼핏 보면 평범한 것 같지만, 이것이 그녀가 1985년부터 2011년까지 〈오프라 윈프리 쇼〉를 진행할 수 있었던 원동력이며 하포 엔터테인먼트 그룹의 대표가 될 수 있었던 비결이다. 이제부터 밝히게 될 그녀의 다른 성공비결 역시 어디서나 볼 수 있는 흔하디흔한 것이지만, 그것을 꾸준히 지켜나갔을 때 얻은 결과라는 것은 정말이지 믿기 어려울 정도다.

14살의 미혼모, 세계적인 토크쇼 진행자가 되다

오프라의 성공이 드라마틱한 이유는 그녀의 어린 시절이 그 누구보다 불행했기 때문이다.

1954년 미혼모의 딸로 태어난 오프라는 사촌오빠에게 성폭행을 당하는가 하면 친척 아저씨 등에게 끊임없는 성적 학대를 받았고 마약에 빠지기도 했다. 또 14살에는 미혼모가 되기도 했지만 그녀의 아들은 2

주 만에 죽고 만다. 그리고 이발사인 아버지와 살기 위해 테네시 주로 보내졌다.

어려운 환경 덕분에 그녀는 고등학생 때부터 일자리를 구하기 시작했다. 이때 라디오 프로그램에서 일을 얻게 되고 19살에 지역 저녁 뉴스의 캐스터로 활동하게 되었다. 그녀는 즉흥적인 감정 전달에 능했으며, 진행자의 자질을 천부적으로 지니고 있었다. 이 때문에 낮 시간대의 토크쇼를 맡게 되었으며 얼마 후에는 시카고의 30분짜리 아침 토크쇼인 〈에이엠 시카고〉의 진행자가 되었다. 오프라가 프로그램을 맡게 된 후 〈에이엠 시카고〉는 시카고에서 가장 인기 있는 토크쇼가 되었고 곧이어 이 쇼는 전국적으로 방송되는 〈오프라 윈프리 쇼〉로 탈바꿈하게 된다.

삼류 토크쇼를 진행한 지 한 달 만에 가장 인기 있는 토크쇼로 변신시킨 것이다. 당신도 한 번쯤은 시청했을 이 토크쇼는 작년까지도 텔레비전 토크쇼 1위 자리를 지키며 세계 140개국에 방영되었고 하루 시청자만 700만 명이 넘는 세계 최고의 토크쇼가 되었다.

수다 떠는 것을 좋아했던 한 흑인 소녀는 자신의 장기를 살릴 수 있는 일에 도전했고 그녀의 친근한 얼굴과 말투는 단박에 시청자들의 마음을 사로잡을 수 있었다. 물론 그 과정엔 그녀의 자질뿐만 아니라 그녀의 끊임없는 노력도 함께 했을 것이다.

오프라 윈프리의 성공 법칙

"미국이 다시 책을 읽게 만들겠다."

이 작은 다짐은 그녀의 영향력과 함께 현실로 이루어지고 있다. 오프라 윈프리가 책을 소개하는 '오프라의 북클럽'을 통해 미국의 출판 시장이 완전히 변화되고 있는 것이다. 이 북클럽을 통해 수십여 권의 베스트셀러가 탄생했고 그녀가 이로 인해 출판업자들에게 안겨준 매출은 2억 달러에 달한다고 한다. 그녀는 독서를 인생의 가장 중요한 부분 중 하나라고 생각한다. 그녀가 책을 읽고 이 공간에서 사람들에게 추천하고 싶은 책에 대해 이야기하면 그 책은 하루아침에 베스트셀러가 된다.

독서를 통해 삶의 가능성이 있다는 사실을 깨닫고, 열망을 실현할 수 있는 현실에서 살고 있다는 것을 깨달은 오프라는 독서로 인해 일할 수 있는 기회를 얻었고 또 독서로 인해 좋은 진행자가 될 수 있었음을 고백한다. 우리에게 또 다른 인생의 방법이 있음을 알려주며 더 넓은 세상이 존재하고 있다는 것을 보여주는 책은 오프라 윈프리를 지상에서 제일 유명한 토크쇼의 여왕으로 만들어주었으며 〈타임〉지가 선정한 전 세계 영향력 있는 인물 1위에 뽑힐 수 있는 원동력이 되어준 것이다.

오프라가 독서 못지않게 인생의 중요한 요소로 생각하는 것은 휴식이다. 일요일은 하루 종일 아무것도 하지 않고 휴대폰을 끄고 이메일을 확인하거나 페이스북에 접속하는 것도 뒤로한 채 온전히 자신에게만 몰두한다는 그녀는 이로 인해 다음 한 주를 살아나갈 수 있는 힘을 얻는다. 그녀는 "어쩌다가 일요일에 쉬지 못하면 한 주 내내 내 성질이 거칠어지는 것을 감지할 수 있어요"라고 밝히며 휴식의 중요성을 이야기하기도 했다.

"생각하는 대로 살지 않으면, 사는 대로 생각하게 된다"는 말이 있다. 바쁘게 사는 현대인들에게 해당되는 말이다. 삶의 여유를 두고 자신이 어떤 인생을 지향하고 있는지, 또 무엇을 위해 살고 있는지 사색하지 않으면 그저 바쁜 일상을 살다가 인생을 마감하게 될 것이다.

자신이 무엇을 꿈꾸고 있는지, 어떤 것을 원하며 목적을 이루기 위해 무엇을 해야 하는지 이 세상 그 어떤 것에도 방해 받지 말고 자기 자신과의 깊은 대화를 시도해보자. 일과로 채워지지 않은 텅 빈 시간만이 해답을 알려줄 것이다.

오프라 윈프리의 성공을 위한 10계명

1. 남들의 호감을 얻으려 애쓰지 말라.
2. 앞으로 나아가기 위해 외적인 것에 의존하지 말라.
3. 일과 삶이 최대한 조화를 이루도록 노력하라.
4. 험담하는 사람들을 멀리하라. 당신을 고양시키는 사람들을 곁에 둬라.
5. 다른 사람들을 친절히 대하라.
6. 음식, 알코올, 약물, 행실이나 습관 등 중독된 것들을 끊어라.
7. 당신에 버금가는 혹은 당신보다 나은 사람들로 주위를 채워라.
8. 돈 때문에 하는 일이 아니라면 돈 생각은 아예 잊어라.
9. 당신의 권한을 다른 사람에게 넘겨주지 말라.
10. 끈질기게 꿈을 추구하라.

이는 성공을 위한 오프라 윈프리의 십계명이다. 그녀는 20세기 가장 부자인 흑인계 미국인으로 꼽혔으며 세계에서 유일한 흑인 억만 장자로 꼽힌다. 또 2011년 미국 경제지 〈포브스〉의 조사에서 영향력 있는 인

"미래를 바라보았습니다.
너무 눈부셔서 눈을 뜰 수 없었어요."

물 중 45위에 올랐으며 미디어 부분 가장 영향력 있는 여성으로 2년 연속 1위를 차지하기도 했다. 100킬로그램의 뚱뚱한 몸을 갖고 인생의 온갖 불운을 10대에 겪은 흑인 여성이 보통 사람은 감히 꿈꿀 수 없는 높은 자리에 오르게 된 것이다.

그녀는 토크쇼의 진행자 자리에만 머무르고 있는 것이 아니라 영화와 텔레비전 프로그램을 제작하기도 하며 출판과 인터넷 사업에까지 손을 뻗고 있다. 자신의 이름을 거꾸로 한 하포(Harpo, Oprah의 역순) 엔터테인먼트 그룹의 대표가 된 오프라는 지금도 여전히 더 나은 삶을 위한 그림을 그리고 있다.

그녀의 생활을 세밀히 살펴보아도, 심지어는 그녀의 성공 법칙을 하나하나 따져보아도 특별한 것은 아무것도 없다. 독서가 삶의 최선이라거나 적절한 휴식이 필요하다는 것 혹은 앞으로 나아가기 위해 외적인 것에 의존하지 말라거나, 다른 사람들을 친절히 대하고 험담하는 사람을 멀리하라는 것들은 우리가 모두 유치원 때 배웠던 것들이다. 돈을 벌기 위해 일하는 것이 아니라 꿈을 추구하기 위해 일해야 한다는 것 역시 우리가 살아가며 한 번쯤은 들어 보았을 흔하디흔한 인생법칙이다.

그러나 우리가 느끼듯, 그 기본적인 것을 고스란히 지키며 산다는 것에 오프라 윈프리의 특별함이 숨어 있다. 타르콥스키 감독의 〈희생〉이라는 영화에 이런 구절이 있다. "아무리 사소한 일이라도, 그것이 아무리 사소한 일이더라도, 하루하루 시간을 정해 꾸준히 해나가다 보면, 그것은 무언가를 변화시키지." 그녀는 가장 정직한 방법으로 최고의 자리에 올랐다.

하루하루를 기본적인 것들에 가장 충실한 삶을 살아보자. 아침 일찍 일어나 하루를 계획하고 자신이 원하는 것들을 이루고 실행하며 살다 보면 어느 순간 자신의 계획대로 살고 있는 인생을 맞이하게 될 것이다.

기본에 충실하면 무엇이든 이룰 수 있다

기본을 중요시하는 자세는 〈오프라 윈프리 쇼〉를 진행하는 그녀의 모습에서도 여실히 찾아볼 수 있다. 2011년 종영되긴 했지만 〈오프라 윈프리 쇼〉는 국내 케이블 채널에서도 여전히 재방송을 해주고 있기 때문에 일부러 찾아보려 하지 않아도 쉽게 접할 수 있다.

그녀는 자신의 프로그램에 출연하는 일반인들에게도 절대 고압적인 자세를 취하지 않으며 허위의식이나 자신이 무언가를 주도하려는 태도를 보이지 않는다. 그저 친절한 표정으로 그들의 이야기를 들어주고 자신의 아픔을 털어놓으며 상대방을 무장해제시키고 출연자들의 솔직한 이야기를 끄집어낼 뿐이었다.

"있는 모습 그대로의 자신을 받아들여라. 당신이 누군지 받아들이기 시작하면 훨씬 더 좋은 사람이 될 것이다."

이것이 그녀가 성공적인 진행자, 성공적인 인물로 살아가고 있는 비결이다. 출연자들이 자신에게 마음을 여는 이유 또한 그녀가 먼저 마음을 터놓기 때문이라고 이야기한다.

자신의 불우했던 유년시절마저도 온전히 자신의 것으로 받아들인 여성, 이로 인해 세계 최고의 진행자가 되었던 여성, 107킬로그램의 몸무게를 운동을 통해 2년 만에 68킬로그램으로 줄일 정도로 집념이 강한 여성, 책을 통해 더 큰 세상을 꿈꾸고 남들과 더불어 사는 삶의 방식을 체득한 여성.

그녀는 가장 기본적인 삶의 가이드라인을 당신에게 제시하며 자신의 인생을 통해 기본적인 것을 지키는 삶이 얼마나 위대할 수 있는지를 증명한다. 이를 실행하느냐 마느냐의 선택은 당신의 몫이다.

신념이 있다면 실행하라

미얀마 민주화의 수호신

아웅 산 수 치 (Daw Aung San Suu Kyi)

"**나의 노벨평화상** 수상을 계기로 전 세계가 미얀마의 민주주의와 인권에 관심을 갖기 시작했고, 우리를 잊지 않았다. 가택연금 시절에는 내가 더 이상 세상의 한 부분이 아니라는 생각이 들 때가 있었다. 하지만 노벨평화상 수상자로 선정되었다는 소식은 내가 선택한 외로운 길에 많은 사람들이 함께해준다는 것을 깨닫게 해주었다."

이는 지난 6월 17일 발표된 아웅 산 수 치의 노벨평화상 수상 소감이다. 1991년 노벨평화상 수상자로 선정되었으나 가택연금으로 인해 21년이나 늦어진 발표였다. 아웅 산 수 치는 군부독재정권에 반대하는 내란죄에 해당되는 죄목을 받고 민주화 운동을 주도했다는 명목으로 21년 동안 구금 혹은 가택연금 상태에 있었다. 미얀마의 국민들은 그녀가 건국의 아버지라 불리는 아웅 산의 딸이라는 이유로 자신들을 대신하여 민주화를 향한 운동에 뛰어들어주길 바랬고, 그 결과 아웅 산 수 치는 미얀마의 민주화를 향한 수호신이 되었다.

1991년 노벨평화상을 받았을 당시 아웅 산 수 치의 큰아들인 알렉산더는 그녀를 대신하여 수상 연설을 남기기도 했는데, 미얀마인들이 겪고 있는 아픔과 고통을 세계인들이 주목해주길 바란다는 내용이었다. 매 맞고 모욕당하는 불교 승려들의 고통과 말라리아로 죽어가는 미얀마 젊은이들의 고통, 감옥에서 매 맞고 고문당하는 사람들의 고통을 세계가 알아주고 미얀마 독재 정권의 부정부패를 멈춰주길 촉구한 것이다.

가택연금 상태에 놓이게 된 한 여인으로 인해 실제로 세계는 이 작은 국가에 주목하기 시작했고 세계의 많은 영향력 있는 인물들이 아웅 산 수 치의 석방을 위해 움직이기 시작했다. 고(故) 김대중 대통령은 "아웅 산 수 치 여사의 구금은 아시아의 수치다"라고 밝혔으며 록 밴드 U2는 〈Walk on〉이라는 노래를 통해 '걸어요. 계속 걸어요. 당신이 가진 것을 그들은 빼앗을 수 없어요'라는 응원 메시지를 전하기도 했다. 노벨평화상 위원장은 아웅 산 수 치를 노벨평화상 수상자들을 대표하는 존재라고 칭하며 세계를 변화시키고 있는 이 여인을 향한 탄성을 전했다. 가정을 꾸리고 단란한 삶을 살아가던 한 여인이 자신의 삶을 희생하고 미얀마의 국민들을 대변하는 목소리를 내기 시작한 작은 변화의 순간이 만든 기적이었다.

암흑의 나라에 자유의 빛을 던지다

아웅 산 수 치는 독립투사 출신의 아버지와 복지부장관 등 고위직을 지낸 어머니 사이에서 어린시절을 보냈다. 그녀가 두 살이 되던 해에 그녀의 인생을 전환시킬 사건이 일어나는데, 아버지가 암살 당한 것이다.

1947년에 벌어진 일이었다. 그녀의 아버지 아웅 산은 1824년 영국과의 전쟁에서 패배하여 그들의 식민지가 된 버마(버마는 미얀마의 옛 명칭으로 1989년 6월 현재의 명칭으로 바뀌었다)를 위해 일본에서 군사 훈련을 받고 버마에서 영국 세력을 몰아낸 장본인이다. 그 후 연합군과 손잡고 버마에 침입한 일본까지 몰아내며 버마가 독립을 하는 데 성공하게 만들었다. 그는 60년에 걸친 식민지 역사를 끝낸 버마 국민들의 아버지인 셈이다. 하지만 이후 그는 암살당하고 동료였던 네 윈이 일으킨 군사 쿠데타로 버마는 군부사회주의 독재정권으로 교체된다.

아이러니하게도 아웅 산 수 치는 어머니를 따라 외국을 떠돌다가 영국 옥스퍼드대학교에서 정치와 경제, 철학을 공부하고 이후 뉴욕에 있는 유엔에서 일하게 되었다. 그리고 영국인인 마이클 에어리스와 결혼하게 된다. 아웅 산 수 치가 영국에서 유학생활을 했다는 것과 영국인과 결혼했다는 사실은 그녀를 비판하는 사람들에게 가장 좋은 표적이 되어주었다.

미얀마 민주화 운동의 상징적 존재인 아웅 산 수 치가 그들을 지배하던 영국에서 공부하고 이 나라의 국민과 결혼했다는 사실을 납득하기 어려웠던 것이다. 그렇지만 한편에서는 아웅 산 수 치가 버마 남성과 결혼했다면, 남성 중심의 버마 사회를 감안했을 때 그녀가 지금과 같은 활동을 하기는 힘들었을 것이란 의견도 존재한다.

그녀의 인생은 어머니로 인해 급작스럽게 변화하게 된다. 1988년 병석에 누운 어머니의 병간호를 위해 고국으로 귀국한 아웅 산 수 치는 네 윈이 지휘하고 있는 군부독재 항의 시위와 유혈 진압을 목격하게 된다. 그녀의 아버지 아웅 산과 함께 독립운동을 했던 네 윈은 이미 권력에 눈이 멀어 탐욕스러운 독재자로 변해 있었다. 독재 권력의 부정부패는 경제적 파탄을 가져왔으며 국민들은 폭압과 가난 속에서 점점 억압 받는 생활을 할 수밖에 없었다.

이에 아웅 산 수 치는 민주주의민족동맹(NLD)을 결성하여 조국의 민주화에 앞장서게 된다. 이때 그녀는 '공포로부터의 자유'라는 제목의 연설을 하게 되고, 이로 인해 가택연금 생활을 시작하게 된다. 1941년 미국의 루스벨트 대통령은 세계평화와 인류의 복지를 이룩하는 데 꼭 필요한 요건으로 언론과 의사표시의 자유, 신앙의 자유, 결핍으로부터의 자유, 공포로부터의 자유를 이야기했는데 이는 세계인권선언에서 채택하기도 했던 말이다.

공포로부터의 자유를 억압하고 있는 버마 군부를 향해 그녀는 "부패한 권력은 권력이 아니라 공포다. 권력을 잃을지 모른다는 공포는 권력을 휘두르는 자를 부패시키고, 권력의 채찍에 대한 공포는 거기에 복종하는 사람을 타락시킨다"는 유명한 말을 남기기도 한다.

온 국민이 총동원된 8888항쟁의 약속을 지킨다는 의미로 실행된 1990년 5월 총선거의 결과 아웅 산 수 치가 결성한 NLD가 82%의 지지를 얻어 표면적으로는 그녀의 항쟁이 성공하는 것처럼 보이지만 독재 군부는 이에 수긍하지 않고 선거결과를 무효화했으며 수백 명을 투옥하고 총과 칼을 앞세운 공포정치는 더욱 극심해졌다. 1년 기한으로 시작된

アウン산수치의 가택연금 또한 무기한으로 연장되기 시작했다.

아웅 산 수 치는 무고한 젊은이들이 죽어가는 광경을 보며 아버지가 이룩했던 민주주의가 피로 물들어가는 것을 참을 수만은 없었다. 그리고 많은 국민들이 그녀를 원하고 있었다. 자신들에게 자유를 줄 수 있는 유일한 희망이 아웅 산 수 치였던 것이다. 그녀 또한 군부정권에 대항했을 때의 결과가 어떠할 것이라는 것을 예상하고 있었을 것이다. 그리고 2007년 일어난 시위에 대한 정부의 유혈진압으로 인해 승려를 포함한 수백여 명이 사망하게 되고 수천 명의 사람들이 체포 당한다. 총과 칼을 앞세운 정부에 대항한다는 것은 개인의 의지만으로는 불가능한 것이었다.

노벨평화상 위원회의 위원장 또한 그녀의 수상 이유에 대해 "아웅 산 수 치는 힘없는 자들의 진정한 힘을 보여준 최고의 사례이다. 또한 진실을 말하기 때문에 어느 권력도 그녀를 침묵시킬 수 없다"고 밝혔다.

현재 많은 미얀마인들이 다른 나라로 망명하여 생활하고 있으며, 국제사회에서도 이렇다 할 대안을 미얀마에 적용하고 있지 못하다. 그렇지만 자유에의 의지를 계속해서 꿈꾸고 있는 아웅 산 수 치 여사로 인해 전 세계는 미얀마를 여전히 주목하고 있으며 그들의 희망을 엿보고 있다. 평범한 여자로서의 삶을 포기한 채 국가를 위한 가시밭길에 맹렬히 뛰어들었던 용기가 그녀를 미얀마의 수호신으로 만들어낸 것이다.

진정한 자유는 정신에서 비롯된다

1945년 6월 19일, 작고 귀여운 여자 아이가 태어났다. 이날은 화요일이었다. 아웅 산 수 치가 태어난 요일이 의미 있는 이유는 그녀가 버마 사람이기 때문이다. 버마의 민간신앙은 아이가 태어난 요일을 중요하게 여기며 태어난 요일에 따라 성격이 달라진다고 믿는다. 화요일에 태어난 아이는 정직하고 도덕적인 사람이다. 실제로 아웅 산 수 치가 어떤 성격을 갖고 태어났는지는 알 수 없지만, 어린 시절부터 주위에서는 그녀를 "정직하고 바르다"는 편견을 갖고 대했고 이는 그녀의 성격 형성에 실질적인 영향을 미치게 되었다.

또 그녀는 집안에서 종교적인 가르침을 많이 받았다. 그녀의 어머니 킨찌 여사는 자녀들에게 책을 많이 읽혔으며 불교 정신에 대한 가치도 가르쳤다. 자비와 겸손, 정직은 아웅 산 수 치가 가장 중요하게 생각하게 된 덕목이었다. 또 아웅 산 수 치의 외할머니는 기독교 신자였기 때문에 그녀에게 성경책을 읽게 했고 신앙에 대해 열린 마음을 갖고 있어야 한다고 가르쳤다.

인도 대사로 임명된 어머니 때문에 인도 뉴델리에서 사춘기 시절을 보내게 된 아웅 산 수 치는 이곳에서 마하트마 간디의 생애와 비폭력주의에 대해 알게 된다. 어린 시절 받게 된 이러한 정신적인 가르침들은 그녀의 평생을 좌우하게 된다. 실제로 그녀는 "본질적인 혁명은 우리의 정신에서 일어난다"고 말하기도 하며 미얀마의 민주화 또한 미얀마의 국민이 국제 사회의 평등한 구성원으로서 완전하고 의미 있는 삶을 살고자 하는 사람들의 투쟁이라 설명하기도 했다. 물론 지나치게 정신적인 가치를 추구하는 그녀의 성향은 실질적인 것을 중시하는 정치인들에게 표적이 되기도 한다. 가택연금으로 오랜 시간 외부 세계와 격리돼 있던 그녀가 가택연금 이후에 구체적으로 무엇을 원하고, 어떤 대화를 하길 원하는지 실행계획을 보이지 않는 것에 대해 실망한 그녀의 지지자들 또한 존재하지만 인간 삶의 본연의 가치를 보았을 때 그녀가 바라는 것이 어떤 것들인지 충분히 알 수 있기도 하다.

그녀는 여전히 달라이 라마 등 종교 지도자들과의 만남을 자주 갖는다. 이는 그녀가 어린 시절 받은 불교와 기독교의 가르침에 부합한 행동이며 그녀 스스로도 필요로 하는 일들일 것이다. 그리고 진정한 자유 또한 가시적인 것보다는 정신적인 것에 있다는 믿음에서 비롯되는 행동이다.

자신이 가치 있다고 생각하는 것을 믿는 믿음과 그것을 실행하며 살아갈 수 있는 힘은 그녀가 유년시절 주변 사람들로부터 받은 신뢰와 호응에서부터 생겨났다. 당신이 주변 사람들의 응원을 받으며 성장했다면 받았던 응원을 누군가에게 되돌려주자. 그 힘이 한 개인의 삶을 훨씬 의미 있게 바꿀 수 있는 인생의 자양분이 되어줄 것이다.

미얀마의 희망, 세계의 희망이 되다

아웅 산 수 치는 1991년 노벨평화상 수상자로 선정되었으며 2002년 유네스코인권상을 수상했고, 2009년에는 인권단체인 국제엠네스티가 수여하는 '양심 대사'상의 수상자로 선정된 바 있다. 그녀는 버마 민주화의 상징으로 자리매김하며 여전히 국제적인 활동을 이어가고 있다.

가택연금 생활을 하고 있을 때, 그녀 스스로는 세상에서 잊혀진 존재가 된 것 같다고 이야기했지만 그녀를 위해 세계의 많은 정치인들이 그

"진정한 혁명은 변화의 필요성을 지적으로 확신할 때 생겨나는 정신 혁명입니다."

녀의 석방을 촉구하기도 했었다. 김대중 전 대통령은 물론이고, 미국의 매들린 올브라이트와 폴 매카트니, 오노 요코, 데이비드 베컴, 산드라 블록 등 유명 인사들도 그녀의 석방을 위한 발언을 이어나가고 있다. 용기 있고 소신 있었던 그녀의 행동들은 그녀를 향한 전 세계의 관심을 끊임 없이 이어나가도록 만들어주었다. 가택연금 후의 그녀의 행동들도 여전히 세계적인 뉴스거리가 되며 관심을 받고 있다.

앞서 말했던 것처럼 지나치게 정신적인 것만을 추구한다는 점, 오랜 기간 세계와 격리되어 있었다는 점 등의 이유로 그녀의 정치 능력을 의심하는 사람들 또한 여전히 존재한다. 그렇지만 아웅 산 수 치를 떠올릴 때 우리는 미얀마의 국민들을 걱정하게 되고, 그들이 변화되는 모습에 관심을 기울이게 된다. 그들이 공포로부터 자유로운 삶을 살 수 있길 기원하며 말이다.

두 살에 아버지를 잃고 어린 시절 친오빠 또한 익사 사고로 잃은 아웅 산 수 치는 공포에 맞서는 법을 스스로 터득할 수밖에 없었고, 이를 이겨 낼 때 진정 강인한 사람이 된다는 것을 알게 되었다. 그리고 국민들을 무기력하게 만드는 정권의 공포는 개인의 삶을 짓밟는다는 사실을 세계에 알렸다. 석방이 되고 난 후에도 그녀의 일거수일투족은 여전히 기사화 되고 있다. 미얀마의 민주화에 희망을 걸어볼 수 있는 유일한 이유다.

인생은 우리에게 주어진 거대한 선물이다

톱모델이 된 유목민 소녀

와리스 디리 (Waris Dirie)

꽤 많은 책을 읽어보았지만 감동과 재미를 한꺼번에 주는 책을 찾기란 쉬운 일이 아니다. 언제나 책을 향한 지갑은 활짝 열어두고 사는 까닭에 대형 서점에 가면 먹이를 찾는 하이에나처럼 내 욕구를 자극시키는 책을 찾아 헤매지만 마음에 쏙 드는 책을 찾기란 여간 힘들지 않다.

이런 와중에 만나게 되었던 책 〈사막의 꽃〉은 내 인생에서 재미있게 읽은 책 10위 안에 들 정도로 감동과 재미를 한꺼번에 주었던 책이었다. '사막의 꽃'은 주인공인 와리스의 아프리카어 의미라고 한다.

그녀는 소말리아 출신의 패션모델이며, 아프리카 여성의 할례에 대한 폐해를 세상에 널리 알렸고, 유엔 특별대사로도 활동하는 오늘날의 유명인사다. 그러나 우리가 그녀에게서 찾아볼 장점은 그런 외적인 면에만 있지는 않다. 세계 최빈국인 소말리아에서 태어나 힘겨운 시절을 겪었지만 그것조차 자신의 삶의 원동력으로 삼았으며, 그 시절 겪었던 여성 할례라는 참혹하지만 남부끄러운 비밀을 세상 앞에 당당히 털어놓아 결국에는 세상의 변화를 끌어낸 그 의지에 있다. 그리고 그 의지의 한켠에는 힘든 인생일지라도 그것을 긍정하며 사랑하기까지 했던 그녀 특유의 사고방식이 숨어 있다.

낙타 다섯 마리에 팔려갈 운명이었던 소녀

"나는 내가 몇 살인지 모릅니다. 추측할 뿐이지요. 소말리아에서 태어난 아기는 1년 후 살아 있으리라는 보장이 없기 때문에 생일을 따지는 건 중요하지 않다고 생각하지요."

낙타와 염소를 키우며 자랐고 가족들이 머무를 수 있는 집도 없이 자신의 나이가 몇 살인지, 생일이 며칠인지도 모른 채 살아왔던 소녀가 있다. 그녀는 낙타 다섯 마리와 바뀌어 환갑의 노인에게 시집을 가야 할 운명에 놓여 있었지만 엄마의 도움으로 소말리아의 도시인 모가디슈로 도망친 후 이곳에서 영국의 대사관으로 일하러 가게 된 이모네 가족의 가정부로 취직해 함께 떠난다.

영국 대사관 임기를 마친 이모네 가족이 모두 소말리아로 돌아가게 되었을 때는 몰래 여권을 숨겨 홀로 영국에 남아 맥도날드에서 아르바이트를 시작한다. 그리고 그곳에서 사진작가인 테렌느 도노반의 눈에 띄어 모델로서의 인생을 시작한다. 이후 그녀의 인생은 우리가 익히 알고 있는 바대로다. 파리와 밀라노의 패션쇼에 출현하고 광고를 찍으며 톱 모델이 되는 정상의 인생 말이다.

"나는 여전히 사소한 것들을 소중히 여깁니다. 호화로운 집을 한 채도 아니고 여러 채 가지고 있거나 차, 보트, 보석을 가지고 있는 사람들을 매일 만나지만 그 사람들은 늘 더 많은 걸 원하지요. 다음에 살 물품이 마침내 행복과 마음의 평온함을 가져다줄 듯이 말이에요. 나는 아무것도 원하지 않습니다. 인생의 가장 가치 있는 재산은 인생 그 자체이고 그 다음은 건강이에요. 그러나 사람들은 온갖 하찮은 일에 안달하면서 귀중한 건강을 망치지요. 나는 두 가지 삶의 방식, 소박한 삶과 바쁜 삶을 모두 경험해볼 수 있었다는 점에서 감사하고 있습니다. 그러나 어린 시절을 아프리카에서 보내지 않았다면 소박한 삶의 방식을 즐기지 못했을 것 같아요."

아프리카의 한복판에서 사자와 맞서 싸우며 인생을 보냈던 유년기는 물론이고, 홀로 도망쳐 더부살이를 하거나 사촌오빠로부터 성폭행의 위협에 시달리던 시기에도, 심지어는 성공하여 전 세계를 넘나드는 유명인사가 된 지금까지도 그녀가 자신의 인생을 사랑하지 않았던 적은 없다.

힘들 때마다 그녀는 소말리아에서의 삶을 떠올리고 그것을 활동의 동력으로 삼아 지혜롭게 극복해나갔다. 그리고 결국은 소말리아의 비참한 과거조차 긍정하고 세상을 향해 목소리를 내기 시작한다. 자신과 같은 처지에 있을 수많은 여성들을 위해서 말이다. 오늘날 그녀는 모델계의 원로이자 여성 인권의 기수로서 바쁜 나날을 보내고 있다. 한때 전 세계인들이 동정하는 삶을 살았지만 결국 모든 여성들이 부러워하는 인생을 살게 된 그녀. 와리스 디리는 자신의 힘으로 스스로의 운명을 개척해낸 진정한 셀레브리티다.

주어진 하루하루에 행복을 느끼다

요즘 아프리카에 대한 세계적인 관심이 높아진 까닭에 아프리카와 관련된 다큐멘터리나 아프리카 아이들을 돕는 기아대책 프로그램을 통해 그들의 삶에 대해 엿볼 수 있는 기회를 좀 더 자주 갖게 되었다.

브라운관을 통해 전달되는 그들의 모습은 '인생'이라고 정의 내리기는 힘들 정도로 하루하루 목숨을 연명해가는 데에만 초점이 맞추어져 있다. 또 미개척 지역에 살고 있는 아프리카 토착민들은 누려야 할 문명의 혜택은 전혀 알지 못한 채 원시적인 삶의 모습을 유지하며 살아가고 있다. 그러나 그들의 인생은 '그들의 인생'일 뿐이지 나의 것과는 애초부터 다른 성질의 것이라 치부해버린다. 그들에게도 인권과 삶을 행복하게 살아나갈 권리 같은 것이 존재한다는 것은 잊은 채로 말이다.

책과 영화를 통해 본 와리스 디리의 삶은 내게 아프리카 한복판에게 낙타 젖을 먹으며 살아가는 유목민이라 해도 좀 더 나은 인생을 향한 꿈은 여전히 있으며 남몰래 좋아하는 남자애가 있고, 부모님이 정해주는 남자와 결혼하기 싫어하는 반항심도 숨 쉬고 있음을 알려주었다. 시계나 달력은 당연히 없고 자신들의 몸을 편히 뉘여 쉬며 짐승들로부터 자신들을 구해줄 집도 없다. 낮잠을 자다가 사자가 자신의 곁에 다가와 있으면 강한 눈빛으로 그와 싸워 이겨야 하며 구름과 하늘의 변화로 기후를 예측하고 오감을 활용하여 인생을 예측하는 삶을 살아가야 한다. 자신을 도와줄 기계들이 없으면 자신이 갖고 태어난 자연과 하나된 몸을 통해서 살아가는 방법을 터득하게 되는 것이다.

소말리아에서 태어난 아기는 1년이 지나도 살아 있으리라는 보장이 없기 때문에 생일을 따지는 것이 무의미한 일이라고 한다. 이곳의 사람들은 무언가를 서두르는 법도 없고, 미리 정해두는 법도 없이 그때의 직관에 의지하며 순간을 살아낸다. 문명이 발달하기 전 우리의 조상들이 삶을 살아냈던 방식 그대로 말이다. 그래서 와리스는 훗날 모델이 된 후에 사람들이 '며칠 몇 시에' 만나기로 약속하는 것에 대해 굉장히 의아하게 생각한다. 그저 하루 전에 전화해서 "내일 만나자"라고 이야기해주면 되는 일인데 말이다.

우리는 하루에 주어진 24시간을 자신의 본능에 따라 살기보다는 생산적인 활동을 위해 가득 채워 놓고 바쁜 사람을 능력 있는 사람이라 평가한다. 또 약속은 최소 일주일 전에 정해서 스케줄을 만들어 놓아야 직성이 풀린다. 실직 상태로 한 달만 지내도 주변 사람들이 먼저 초조해하고 상대방이 이루고 싶은 꿈이 무엇인지 끊임없이 궁금해 한다. 바쁘지 않고 내일 일을 알 수 없는 인생은 의미 없는 것이라고 하찮게 여긴다.

하지만 자신에게 주어진 하루를, 또 지금 이 순간을 온전히 행복한 상태로 지내보는 건 어떨까. 무언가를 이루어내야 한다는 강박관념이나 미래에 대한 걱정 없이 말이다. 있는 모습 그대로의 나 자신을 인정하는 것은 가장 힘든 일이지만 가장 용기 있는 일이기도 하다. 단 하루만이라도 말이다.

죽음의 기억이 삶을 바꾸다

와리스 디리는 세 살 때 언니들이 부럽다는 이유로 남들보다 빨리 할례 의식을 치르게 된다. 그때 그녀는 죽음의 냄새를 미리 맛본다. 마취

제도 없이 집시여인에게 받은 이 의식은 의식을 받을 때뿐만 아니라 평생 그녀의 육신을 따라다니며 고통에 빠뜨린다. 생리 기간 중에는 너무나도 고통스러워서 사막 한가운데 구덩이를 파놓고 몸통을 넣은 후 아픔을 견디기도 했다.

나중에 백인 의사에게 치료를 받게 된 후 자신이 감내했던 고통이 이유 없는 고통이었음을 알게 된다. 아프리카 남성들은 할례를 받지 않은 여성과는 결혼하지 않았으며, 할례를 받지 않으면 처녀가 아니라고 여기던 관습이 있었고 이 때문에 생겨난 여성 할례 의식은 수많은 아프리카의 소녀들을 죽음으로 밀어 넣는다.

와리스 디리는 할례를 받았음에도 죽지 않은 자신의 인생을 선물로 여긴다. 그래서 아프리카 유목민이라는 상황을 뛰어넘어 운명을 개척하기로 마음먹는다. 친언니도, 부자 삼촌도 자신을 도와줄 수 없음을 알게 된 와리스는 영국으로 떠나는 대사의 부인이었던 이모네 집 가정부로 일하게 되면서 영국으로 떠난다.

그녀는 영국의 4층짜리 집에서 일하게 되지만 이곳에서 호사스러운 생활을 했다고 여기면 오산이다. 집 밖으로 나가기도 쉽지 않았으며 하루 종일 집안일은 물론이고 버르장머리 없는 세 아이의 수발을 들어주어야 했다. 임기를 마친 이모부는 가족들과 함께 소말리아로 돌아가게 되지만 와리스는 자신에게 주어진 이 기회를 그냥 버려서는 안 된다고 판단하고 영국에 불법체류자 신분으로 남아 맥도날드에서 청소와 주방일을 하며 지내게 된다.

온몸이 기름투성이가 되고 돈도 많이 받지 못하는 삶이었지만 그녀는 낙타를 보는 것 이외의 일을 할 수 있다는 것에 대해 감사하게 여겼다. 그리고 훗날 두통이나 소화불량 등의 핑계를 대며 일을 하는 게 힘들다고 여기는 모델들을 보며 이해할 수 없다고 말한다. 인생의 진짜 고통이 무엇인지 그녀들이 모르기 때문에 할 수 있는 배부른 한탄이라는 것이었다.

이는 우리 또한 인생에서 쉽게 범하는 잘못이기도 하다. 우리는 조그만 일에도 쉽게 포기하며 불평불만을 늘어놓는다. 와리스는 돈을 벌 수 있다는 것에 대해 감사해하고, 자신의 몸을 누일 공간이 있다는 데 행복해한다. 아프리카에서의 삶에 비하면 그곳은 너무나도 안전하고 신기한 것들로 가득 차 있었기 때문이다.

톱모델, 인권운동가가 되다

와리스 디리가 유명해지고 난 후 사람들은 종종 그녀에게 "유명해진 기분이 어떤가요?"라는 질문을 던진다. 그녀는 반문한다. "유명해지다니, 그게 무슨 뜻인가요?" 그녀는 아프리카에서의 소박한 삶의 방식과 모델이 된 후의 바쁜 삶의 방식을 극단적으로 경험한 여인이다.

소박한 삶을 살아본 와리스는 하찮은 것에 인생을 낭비하며 연연해하지 않는다. 가장 부유한 나라지만 국민들은 모두 자신이 가난하다고 여기는 미국 사람들을 이해할 수 없다. 그리고 쓸데없는 걱정들을 늘어놓으며 건강을 해치고 있는 사람들을 보면 안타깝다. 자신의 인생은 언제나 자신의 인생이었기 때문에 유명해지는 일은 그녀에게 별로 중요하지 않다. 열심히 일하며, 성공해나가는 모델. 그런 그녀를 인권운동가로 바꾼 계기는 〈마리끌레르〉지와의 인터뷰였다.

"나는 평생 담아두고만 있던 나의 비밀을 말하지 않으면 안 되었습니다. 내 주위엔 가족이 없었어요. 엄마도 언니도 없었기에 슬픔을 나눌 사람이 없었지요. 나는 '피해자'라는 말을 싫어합니다. 너무 무력한 느낌이 들기 때문이지요."

아프리카 출신의 모델을 취재하기 위해 왔던 〈마리끌레르〉지 기자에게 아프리카에서 벌어지고 있는 여성 할례에 대해 털어놓은 후 인권운동가로서 그녀의 삶은 시작되었다. 영국 BBC 방송국에서는 그녀를 주인공으로 다큐멘터리를 만들기로 하고 이를 통해 영국으로 떠나온 이후 최초로 소말리아로 돌아가 엄마와 재회하기도 한다. 유엔인구기금에서 주최하는 여성 할례 반대 운동에 동참했으며 세계보건기구에서도 일하게 된다. 또 그녀가 주인공이 된 영화 〈데저트 플라워〉가 제작되어 개봉하면서 세계인의 관심을 받게 된다.

사실 할례에 관해 털어놓게 된 계기는 당시 그녀의 삶이 표류하고 있던 탓도 있었다. 처음 시작할 때와는 달리 그녀는 점차 모델의 삶에 염증을 느끼고 있었다. 사람들 앞에서 웃음을 짓는 것도 싫었고, 자신이 그저 옷을 갈아입는 인형이라는 생각을 하기도 했다. 그리고 무엇보다 그녀를 괴롭혔던 것은 어린 시절 받았던 할례의 고통이었다. 할례를 받은 자신이 불구자라는 의식에서 벗어나고 싶기도 했다. 하지만 일단 자신의 과거를 긍정하고 나자 그 긍정의 에너지는 소말리아의 가난한 생활이 모델의 일에 활력을 주었던 것처럼 그녀 자신의 인생을 바꿔나가기 시작한다.

소말리아 한가운데에서 영원히 유목민으로 살았다면 우리는 아무도 '와리스 디리'라는 인물이 현시대를 살고 있다는 것을 알지 못했을 것이다. 그리고 사막의 소녀에서 세계적인 톱모델이 되었다는 신데렐라 같은 이야기가 없었다면 그녀가 주는 감동은 좀 덜했을 것이다. 하지만 여기 자신의 운명에 맞서 싸워 승리한 한 여인이 존재하기 때문에 우리에게 주는 여운은 더욱 깊다.

2007년 프랑스 정부에서 수여하는 '레종 도뇌르 훈장'을 받으며 그녀는 다음과 같은 수상소감을 밝혔다.

"지금 아프리카는 자신의 운명을 개척하기보다는 남의 원조만을 기다리고 있습니다. 우리는 수천 년 혹독한 사막에서 적응해왔고 가뭄과 모래 폭풍 같은 힘겨운 환경에서 외부의 도움 없이 생존하는 법을 알고 있습니다. 지금의 아프리카는 아프리카의 지혜와 생활을 잊어버리고 말았습니다. 단지 외부의 손길만 기다리고 있을 뿐입니다. 이런 상태에서 아프리카 대륙은 다시 일어설 수 없습니다. 우리에게는 아프리카의 미래를 고민하는 젊은이들이 필요합니다. 세계는 우리를 이용의 대상이 아니라 하나의 대륙으로 인정하는 법을 배워야 합니다. 이곳에는 새로운 정신이 필요합니다."

일차적 구제의 방법이 아니라 그들이 스스로 자립할 수 있는 인생을 살 수 있는 정신이 필요하다는 말은 소말리아 자국민들에게 당장은 아픈 말이 될 수도 있겠지만 그녀는 자신이 해냈던 것처럼 그 땅에 살고 있는 누구나 자신과 같은 삶을 살게 될 수 있다고 굳건히 믿는다. 또 자신이 성공적인 인생을 살게 된 자양분은 아프리카 땅에서 얻었다고 생각하며 그곳에서 얻은 삶의 지혜를 자신의 인생 중 가장 커다란 보물이라고 여기며 살고 있다.

인생은 우리에게 주어진 거대한 선물이다

내가 살면서 가장 감동을 받았던 순간은 인도에서였다. 선교를 위해 떠났던 그곳에서 우리는 한 시골 마을에 도착하게 되었다. 마을 사람들과 만나 이야기를 나누고 숙소로 돌아가기 위해 봉고차에 올랐는데, 우리 일행 중 한 명이 차 문이 닫히기 전에 갑자기 차에서 뛰어내렸다. 그리고는 맨발로 땅을 밟고 있던 어린 아이에게 자신의 신발을 벗어주고 자신은 맨발이 된 채로 차로 돌아왔다. 그리고 그녀는 시장에 잠시 들러 50루피를 주고 슬리퍼를 한 켤레 사 신었다. 50루피는 우리나라 돈으로 천 원 정도다.

아직도 세계 곳곳에는 굶주리고, 입지 못하고, 살 곳이 없는 채로 살아가고 있는 사람들이 많이 있다. 거친 땅을 온전히 발로 버텨내고 있는 그 소녀에게 작은 친절과 희망을 선물하는 데 든 비용은 천 원이었다. 그 소녀들의 맨발을 발견하지 못했던 내 자신이 너무 부끄러웠다. 어쩌면 나는 맨발로 차까지 돌아가야 할 그 길이 두려워서 슬며시 외면한 것일 수도 있다. 또 한편으로는 신발을 벗어주고 돌아오는 발걸음이 얼마나 행복했을지 부럽기도 했다. 받는 것도 행복하지만 주는 행복 또한 그에 비할 바가 아니라는 것을 우리는 알고 있다.

와리스 디리의 말처럼 우리가 아프리카와 굶주리고 있는 대륙의 사람들에게 해주는 단순한 구호는 그들에게 미래를 선물해주지는 못한다.

"와리스는 사막의 꽃이라는 뜻입니다.
우리나라에서는 일 년 내내 비가 오지 않을 때도 있지만,
마침내 비가 내려 먼지 자욱한 땅을 씻어 내리면
기적처럼 꽃이 피어나지요."

그들이 자신의 힘으로 설 수 있다는 희망과 우리 모두가 그들의 아픔에 공감하고 있다는 지지와 응원이 필요할 것이다.

자신에게 주어진 것이 아무것도 없다는 생각이 든다면, 인생이 더 이상 나아질 바가 없다는 생각이 든다면, 지금 나에게 주어진 인생의 충만함보다는 또 다른 누군가의 인생이 부럽고 그렇게 태어나지 못한 내가 한탄스럽다면 지금 당장 와리스 디리를 떠올려보자. 그리고 자신의 발을 신발 속에 보호해야 한다는 것은 걱정거리도 아닌 그 아이들을 떠올려보자. 내 신발장 속의 수 켤레의 구두들이 새삼 부끄럽게 느껴질 것이다.

배움을 멈추지 않을 때
삶은 좀 더 옳은 방향으로 흘러간다

겸손함과 부지런함의 미덕을 지닌 정치인

박근혜

박근혜가 다른 정치인들과 다른 점이 있다면 전투적이고 열정적인 정치인 특유의 이미지를 대신하여 단아하고 기품 있는 이미지로 대변된다는 것에 있을 것이다.

그녀는 여성 특유의 부드럽고 세심한 이미지를 자신의 장점으로 끌어 안으며 진심 어린 태도로 정치권에서 전진하고 있다. 그렇다고 해서 감정에 쉽게 동요되며 갸냘픈 모습을 보이지도 않는다. 웬만한 순간에도 눈물을 흘리지 않으며 강인한 모습으로 자신의 자리를 묵묵히 지켜낸다. 이는 아마도 너무 어렸던 시절부터 감내해야 했던 자신의 자리가 만들어낸 성품일 것이며, 대한민국을 대표하는 정치인으로 지켜내야 할 태도일 것이다.

그녀에게는 수많은 어록도 존재한다. 1979년 부친의 사망 소식을 전해 들었을 때에는 "휴전선은 문제없나요?"라는 말로 자신의 신분을 잊

09 · 자신과 타인의 인생을 변화시킨 희망의 셀러브리티

지 않았으며, 2009년 세종시 문제가 불거졌을 때에는 "정치는 신뢰인데, 신뢰가 없으면 무슨 의미가 있겠는가?"라는 촌철살인의 멘트로 자신의 입장을 밝혔다. 달변가가 많은 정치권에서 박근혜는 최대한 말을 아끼며 진중한 태도를 보이고 이는 대중에게 '진심'이라는 키워드로 읽히고 있다. 어렵고 전문적인 용어를 사용하며 고압적인 태도를 취하지도 않고, 화려한 미사여구를 자랑하지도 않지만 자신이 뱉은 말에는 끝까지 책임을 지고, 말을 통해 자신의 행동을 변명하거나 말로만 정치를 하려는 태도를 지양하는 것이다.

중국의 홍자성이 쓴 〈채근담〉에는 '한마디 말이 들어 맞지 않으면 천 마디의 말을 더해도 소용이 없다. 그러기에 중심이 되는 한마디를 삼가서 해야 한다. 중심을 찌르지 못하는 말일진대 차라리 입 밖에 내지 않느니만 못하다'는 명언이 적혀 있다. 말이 많으면 실수가 많아질 수밖에 없고, 화려한 언변이 순간 상대방을 미혹시킬 수는 있지만 그 말이 지켜지지 않을 때 상대방과의 신뢰가 깨질 수밖에 없다는 것을 박근혜는 이미 알고 있는 것이다.

자신이 가진 것을 남에게 자랑해서는 안 된다

그녀는 태어나는 순간부터 정치인으로 살아갈 운명이었는지 모르겠다. 초등학교 때부터 청와대에 살기 시작해서 중학교, 고등학교를 거치고 서강대학교 전자공학과를 졸업한 후 프랑스 유학을 떠날 때까지 청와대가 집이었으니 말이다.

충청북도 옥천군의 대 지주인 육씨 가문의 딸인 그녀의 어머니 육영

수 여사는 소학교 가정교과목 교사였다. 어린 시절부터 부유한 환경에서 자랐지만 육영수 여사는 소박하고 검소한 생활이 몸에 배어 있는 사람이었다. 학교와 청와대의 거리가 멀어 걸어서 통학할 수 없게 되자 자가용으로 통학시키는 것을 선택하는 대신 외할머니 집에 박근혜를 맡기고 학교 생활에 충실할 수 있도록 도왔다. 이 시기 청와대의 모습도 육영수의 성품을 닮아 화려한 가구나 값비싼 장식품은 찾아볼 수 없었다고 전해진다. 또 박근혜와 그녀의 형제들에게는 늘 "자신이 가진 것을 남에게 자랑해서는 안 된다"고 가르쳤는데 부모의 이런 교육 방침에 따라 박근혜도 학교에서 대통령의 딸이라는 특별대우를 받기보다는 자신의 신분을 알리지 않고 조용히 지내는 쪽을 선택하게 되었다.

박근혜는 자신의 자서전인 〈절망은 나를 단련시키고 희망은 나를 움직인다〉에서 어머니에 대해 이렇게 설명한다. '어리광이나 엄살을 받아주지 않으셨으며, 아무리 작은 잘못이라도 진심으로 잘못을 깨닫고 반성하지 않으면 엄하게 꾸짖으셨다.' 공부는 못할 수 있지만 마음만은 언제나 바르게 써야 한다는 것이 육영수 여사의 철학이었다.

유명해진 여성들의 공통점이 있다면 어린 시절부터 겸손에 대한 가르침을 받았다는 데에 있다. 아무리 자기홍보의 시대라고는 해도 여전히 사람들은 자기자랑을 늘어놓는 쪽보다는 겸손한 태도를 보이는 사람의 손을 들어주게 되어 있다. 당신이 성공으로 향하는 관문을 통과하고 있더라도 겸손한 태도를 유지하자. 더 큰 성공을 이룰 수 있는 비결이 될 것이다.

정치인 박근혜, 그 운명의 시작

어떤 자리에 오르기 위해 충분한 시간과 훈련을 받을 수 있다면 좋겠지만 인생의 사건들은 언제나 불현듯 나타난다. 박근혜에게도 그랬다.

대학교를 졸업하고 프랑스로 유학을 떠난 지 6개월만에 다시 한국으로 돌아와야만 했다. 1974년 8월 15일 광복절 기념 행사에서 어머니인 육영수가 피격으로 사망했다는 급보를 받은 것이다. 영부인의 자리를 대신할 사람이 없었고, 박정희는 육영수가 서거한 후 재혼하지 않았기 때문에 1974년부터 1979년 10월까지 퍼스트레이디의 임무를 대신해야 했다. 퍼스트레이디는 국가의 얼굴이라는 생각으로 어머니의 빈자리를 그늘로 채울 수 없었던 박근혜는 늘 웃는 얼굴로 아버지와 함께 세계 곳곳을 돌아다녀야 했다. 텔레비전을 통해 어머니의 죽음을 몇 번이고 되풀이해서 보아야 했던 일은 유학생일 뿐이었던 어린 여성에게 결코 쉽지 않은 일이었다.

"부지런한 새가 신선한 먹이를 얻는다"는 어머니의 말을 교훈 삼아 그녀는 부지런히 움직이는 것을 원칙으로 이 직무를 수행해나가기 시작했다. 한 건의 민원이라도 신속하게 해결해야 국민이 편안할 수 있다는 것이 그녀의 철칙이었다. 어머니의 부재는 그녀에게 퍼스트레이디의 임무를 수행하는 것뿐만 아니라 가족들을 돌보는 일까지 요구했다. 큰딸을 잃은 외할머니는 물론이고, 겉으로 강한 지도자였던 고(故) 박정희 대통령의 인간적인 속내까지도 헤아릴 수 있어야 했다.

'국익 최우선'의 정치 철학을 갖고 있던 고 박정희 대통령은 박근혜에게 정치를 가르치기 위해 늘 노력했다. 이동하는 승용차 안에서는 딸에게 갖가지 사안을 알려주느라 바빴고 함께 신문을 읽으며 국방, 외교에 대한 대화를 나누기도 했다.

1979년 10월 26일 박정희 대통령이 총살을 당하며 대한민국은 또 하나의 굴곡진 역사를 갖게 되었다. 어머니에 이어 아버지까지 잃게 된 박근혜는 우리나라 민주화와 혁명의 역사를 가장 가까이에서 목도하게 된 인물이 되었다. 아버지를 잃은 후 동생들을 데리고 부모님께서 계시지 않은 신당동 집으로 돌아와 문상객을 맞이했어야 하며, 전 대통령에 대한 매도가 계속되는 것을 말 없이 지켜보아야만 했다.

평상시 곁눈질로 배워온 어머니의 퍼스트레이디 역할을 어린 나이에 직접 수행하며 살아야 했던 박근혜는 정치인의 길을 갈 수밖에 없음을 감지할 수 있었고, 지금도 아직 끝나지 않은 경력을 쌓아나가며 자신만의 철학을 만들어나가고 있다.

배움을 멈추지 않을 때 삶은 더 옳은 방향을 향해 흘러간다

박근혜는 남다른 외국어 실력을 자랑하는 정치인이기도 하다. 청와대에서 지내던 시절에도 어머니를 대신해 외국 국빈들의 부인을 만날 기회가 있으면 그들과 서슴지 않고 외국어로 대화를 나누었다고 한다.

그녀가 구사할 수 있는 외국어는 영어와 프랑스어, 중국어, 스페인어에 이른다. 미래학자 앨빈 토플러가 방한했을 당시에도 통역이 옆에 있었음에도 불구하고 영어를 직접 사용하여 대화를 했고, 1시간 30분 예정이었던 오찬 시간은 3시간에 가깝게 길어졌다. 20대에는 프랑스 유학을 가기 전부터 불어 공부에 매진했으며 유학 기간에도 각국의 친구들과 프랑스어로 토론하는 것을 즐겼다. 다이빙궈 중국 외교부 부부장과의 만남에서는 독학으로 배운 중국어를 활용하여 대화를 나눴는데, 그로부터 "중국어를 참 잘하신다"는 칭찬을 듣기도 했다. 외국어에 능통하다는 것은 그의 정치 능력에도 긍정적인 영향을 미치고 있다.

또 박근혜를 떠올릴 때 빼놓을 수 없는 것 중 하나가 단전 호흡과 국선도다. 아버지를 잃고 옹호 세력이 일순간에 비판 세력으로 바뀌는 것을 보며 홀로 칩거에 들어갔던 그녀가 마음을 추스릴 수 있게 도와준 방법이었다.

신당동으로 돌아간 박근혜와 동생들은 부모를 잃은 슬픔에서 벗어나기도 전에 새로운 권력에 줄서기 시작한 사람들의 배신에 아파해야 했다. 6년 동안 이들은 부모의 기일을 위한 공식행사나 추도식은 엄두도 낼 수 없었다. 심지어 영남대학교 이사장직과 육영재단 이사장직에서도 물러나야 했다. 인생의 극심한 슬픔을 자신만의 방식으로 이겨내기 위해 새로운 방법을 모색했고 그 결과 그녀는 여전히 단전 호흡을 이어가고 있다. 실제로 스트레스 유전자를 조절한다고 밝혀진 바 있는 명상은 박근혜의 지친 마음도 다잡아주고 있는 것이다. 전쟁터와 같은 정치권에서 그녀가 바로 서있을 수 있도록 도와주는 방패막이가 되어주고 있다.

진정한 정치인은 자기 마음부터 다스릴 수 있어야 할 것이다. 어떤 상황에서도 감정에 휩쓸리지 않고, 이성적인 판단을 하기 위해서 꼭 필요한 덕목이 아닐 수 없다. 한 나라를 위해 일하는데, 자기 자신조차 다스리지 못한다면 좋은 정치인이 될 수 없다. 온갖 폭언과 다툼이 멈추지 않는 국회를 보며 대한민국 국민들이 불안해지는 이유이기도 하다.

죽음에 대한 민감함은 삶을 열정적으로 만들어준다

2006년 5·31 지방선거 유세에서 박근혜는 피습을 당하게 된다. 연단을 오르려던 찰나 누군가가 휘두른 칼날에 얼굴을 배인 것이다. 이때 박근혜는 죽음이라는 것이 그다지 멀리 있지 않음을 느낄 수 있었다. 상처는 손가락이 비집고 들어갈 정도로 깊었으며 피도 멈추지 않았다. 다행히 안면신경을 피해가서 다시 일상 생활이 가능해졌지만, 죽음에 대한 두려움에서 벗어나기는 쉽지 않았다. 그렇지만 이때에도 박근혜의 진가는 드러났다. 병원으로 실려간 그녀는 자신의 몸 상태를 묻는 대신 "대전은요?"라는 질문으로 선거 최대 접전지였던 지역에 대한 상황 파악부터 하는 정치인의 자리를 지킨 것이다.

주목 받는 자리에 있는 만큼 박근혜는 여러 가지 위험과 가십을 달고 살아야 했다. 특히 퍼스트레이디 시절부터 측근이었던 목사 최태민이 각종 부패, 말썽, 잡음을 만들며 박근혜를 곤란하게 만들기도 했다. 또 최태민과의 사이에 숨겨둔 사생아가 있다는 의혹은 선거 때마다 제기되어 곤란에 처하게 했지만 박근혜는 "DNA 검사를 해주겠다. 애를 데리고 와라"라며 자신에게 자식이 있다는 주장을 강력하게 부인하기도 했다. 또 신기수 회장과의 약혼설, 육영재단 재산 착복이나 정수장학회 세금 탈루 의혹 등이 제기되며 그녀의 사생활 파헤치기는 계속되고 있다.

그러나 그녀는 다른 정치인들에 비해 말로 인한 문제가 거의 발생하지 않았고, 부정부패와 실질적으로 연루되어 있다는 정황이 포착된 적도 거의 없다. 그녀의 부모로부터 배운 겸손함과 부지런함의 태도를 기반으로 담백한 정치인으로의 삶을 이어나가고 있다.

여러 차례 겪어야 했던 죽음에 대한 공포는 박근혜의 삶을 더욱 강인하게 붙들어주고 있다. 그녀는 현재 강력한 대선 후보이다. 한국 갤럽의 2012년 5월 7일 발표에 따르면 박근혜는 47%, 안철수 원장이 37%로, '안철수 열풍' 시기 뒤처졌던 지지율을 다시 한번 회복하며 대한민국 최초의 여성 대통령이 가능할 수도 있음을 시사하고 있다.

솔직 담백한 모습으로 커뮤니케이션하라

박근혜 하면 빼놓을 수 없는 것 중 한 가지가 바로 '미니홈피'다. 미니홈피를 통해 대중과 소통하고 있으며 적극적인 창구로 사용하고 있다. 이는 박근혜가 20대 대학생들과 대화를 나눈 후 젊은이들이 생각하는 정치에 대해 알고 싶다는 욕구를 느꼈으며 보다 많은 이들과 대화를 나누며 정치 철학을 만들어가고 싶다는 욕심에서 시작된 일이었다. 미니홈피를 직접 관리하고 있다는 박근혜는 이곳을 통해 어린시절의 추억이나 지금 살고 있는 집의 풍경, 어머니가 만드셨던 십자수 등을 올리며 다른 미니홈피 이용자들과 같이 자신만의 일상을 쌓아가고 있다.

여성이 거의 없던 전자공학과를 갈 만큼 당돌했던 여성이며 부모의 죽음을 겪으면서도 자신의 자리를 소신 있게 지킬 수 있었던 강단은 부모의 삶의 태도를 보며 자연스럽게 익힐 수 있었을 것이다. 그리고 지금은 부친의 그늘에서 벗어난 한 명의 독립된 정치인으로 인정 받으며 다음 행보에 대한 기대감을 갖게 하고 있다.

그녀는 늘 수첩을 지니고 다니며 공식 회의에 참석할 때에도 수첩에 적힌 내용만을 읽어 내려가는 경우가 많은데, 이를 두고 '수첩 공주'라고 인신공격하는 사람들도 있지만, 박근혜는 이를 아버지로부터 배운 습관이라고 밝혔다. 그녀의 아버지는 늘 수첩을 들고 다니며 민원 사항을 빼곡히 적어두었고, 틈날 때마다 이를 보며 어떻게 개선해나갈지 연구했다는 것이다. 박근혜 역시 자신이 내뱉은 말이나 국민과의 약속은 수첩에 적어 넣으며 아무리 사소한 것이라도 잊지 않고 해결해 나가려고 한다고 밝힌 바 있다. 말보다 행동을 앞세우는 그녀의 정치 성향을 알 수 있는 지점이다.

물론 박근혜를 향한 비판 여론도 존재한다. 핵심 쟁점에 대한 명확한 의견 없이 자신의 이미지에 의한 감성 정치를 한다는 점, 아버지의 후광을 입은 정치인이라는 점, 독재자의 딸이라는 점, 불명확한 국가관 등의 이유들로 말이다. 이는 그녀가 앞으로 풀어나가야 할 과제일 것이다. 그리고 점점 쌓이게 될 정치 경력들이 이를 뒷받침해 줄 수 있을 것이다.

어려움을 겪는 순간마다 박근혜가 보여준 행보는 우리 또한 위기의 순간을 잘 극복해 나가며 성공적인 인생을 살아갈 수 있게 해주리란 기대감을 갖게 한다.

박근혜처럼 희망하고, 그 꿈을 이루어라. 꿈꾸는 사람은 그 꿈과 닮은 인생을 살아갈 수 있다.

"전 세계적으로 수많은 여성이
정치와 경제를 주름잡고 있다.
세상은 이렇게 돌아가고 있는데
우리만 '여성은 아직 안 된다'는 편견으로
여성의 능력을 썩히는 일이 있어서는
안 될 것이다."_박근혜

Chapter 02

불리함을 이거낸
노력의 셀레브리티

미운 오리 새끼로 살았던 무대 위의 디바 · **마리아 칼라스**
인생은 온 힘을 다해 살아야 하는 거대한 무대이다

여성 정치인을 대표하는 영국의 수상 · **마거릿 대처**
옳다고 믿는 것은 밀어 붙여라

아름다움의 대명사가 된 세기의 여배우 · **오드리 햅번**
남을 돕는다는 것은 결국 자신을 돕는 것이다

기차를 기다리다 10억 달러의 꿈을 이룬 소설가 · **조앤 K. 롤링**
상상력이 모든 것을 판가름한다

자신의 붕대에 나비를 그린 화가 · **프리다 칼로**
절망을 이기는 것은 정신력과 열정이다

자신이 원하는 꿈을 이루기 위해 만나는 장애물은 누구에게나 어쩔 수 없이 존재한다. 그렇지만 꿈을 향한 강력한 의지가 존재할 때 인생의 모든 난관을 극복할 수 있는 힘이 생겨난다. 많은 것을 갖고 태어나 그 순간부터 꿈에 좀 더 밀접하게 다가갈 수 있었던 유명인사들보다 장애와 난관을 극복해낸 셀레브리티에게 관심을 기울이

고 희망을 얻는 것도 우리의 당연한 감정이다. 정부가 국민을 위해 많은 것을 해준다는 큰 정부의 시대에 개인의 의지와 능력을 발견하고 이를 키워주기 위한 정치를 한 인물이 바로 마거릿 대처다. 불리한 환경에 연연하기보다는 그 불리함을 이겨낼 수 있는 의지가 더 중요하다는 것이

그녀의 정치 철학이다. 식료품점의 딸로 태어나 스스로의 힘으로 영국의 수상이 되었던 그녀의 인생은 그 자체로도 우리에게 하나의 메시지를 주고 있다. 또 어린 딸 자식 하나만을 남겨둔 채 무일푼의 이혼녀가 된 조앤 K. 롤링은 자신의 아이에게 들려줄 이야기를 지어내던 중 〈해리

포터〉시리즈를 창작했으며, 얼굴이 너무 못생기고 몸집도 커서 자신의

엄마에게도 사랑 받지 못했던 마리아 칼라스는 무대 위의 주인공이 되

기 위해 혹독한 다이어트를 한 결과 세계에서 가장 아름다운 오페라의

디바가 될 수 있었다. 의사도 가망이 없다고 진단한 교통사고의 재앙을

극복하고 멕시코의 국민화가가 된 프리다 칼로 또한 노력의 셀레브리티

에서 빼놓을 수 없는 존재다. 우리가 알고 있는 화려하고 아름다운 이미지와 달리 잔인한 전쟁

의 현장을 목도했으며 가난을 극복하기 위해 일해야 했던 오드리 햅번

또한 불리함을 이겨내고 최고의 자리에 선 셀레브리티다. 지금 어떤 장

애물로 인해 시련을 겪고 있다면 이들의 인생에 주목해보자. 그 장애물

을 넘어설 수 있는 힘을 갖게 될 것이다.

인생은 온 힘을 다해 살아야 하는 거대한 무대이다

미운 오리 새끼로 살았던 무대 위의 디바

마리아 칼라스 (Maria Callas)

"**권태로웠던** 신들이 그녀에게 자신들의 목소리를 소생시켰다."

가수로서 최고의 찬사를 들은 주인공은 바로 마리아 칼라스다. 디자이너 입생로랑은 그녀의 신비로운 목소리를 듣고 마치 신의 목소리를 듣는 것 같은 경외감을 느꼈다. 또 음악계의 사람들은 오페라에서 B. C는 "Before Callas"라 칭하며, 그녀가 성악가로서 쌓은 명성을 이야기하기도 한다. 제2차 세계대전 이후 최고의 오페라 가수로 인정을 받고 있는 그녀는 1965년 은퇴하고 후진양성에 힘쓰는 한편 오페라 연출에도 진출하여 오페라의 발전에 힘쓰기도 했다. 성역이 넓고 아름다우며 성량도 풍부한 그녀의 목소리는 여전히 음반에 담겨 우리에게 전해지며 그 기량을 뽐내고 있다.

음반 표지에 실려 있는 그녀의 도도한 모습 때문에 대중은 그녀가 예술가로서 우아하고 완벽한 인생을 살았을 거라 예상하지만 사실 그녀는 태어나는 순간부터 미운 오리 새끼였고 이 세상을 떠날 때도 곁에 남겨진 가족 한 명 없이 쓸쓸한 인생을 살았다. 오로지 무대 위에서만 환한 빛을 발하는 오페라의 디바였고 당대의 뛰어난 성악가였던 것이다.

오직 노력밖에 몰랐던 미운 오리 새끼

1923년 12월 2일 뉴욕, 갓난아이를 품에 안고 있는 엄마는 실망한 기색을 감출 길이 없었다. 품에 안긴 작은 아이는 기대하던 아들도 아니었고, 외모도 형편없었기 때문이다. 이 아이가 바로 소피아 세실리아 마리아 칼로게로폴로스였다.

성장해서는 80킬로그램이 넘는 뚱뚱한 몸매가 되어버린 이 소녀는 사람들에게 무조건적인 사랑을 받기에는 부족한 외모였다. 엄격한 장교의 집안에서 자란 아름다운 상류층 여자였던 어머니는 자라면서 점점 비만 증세를 보이고, 근시가 심해져서 두꺼운 안경을 끼고 다니는 자신의 딸을 사랑할 수가 없었다. 그래서 그녀는 어머니의 사랑을 차지하기 위해 노래를 부른다. 그녀가 유일하게 잘할 수 있는 일이 바로 노래를 부르는 일이었기 때문이다.

그러던 중 1939년 15살이 된 마리아는 최고의 선생님이자 정신적 어머니인 엘비라 이달고를 만나 지도를 받게 된다. 훗날 이달고는 마리아 칼라스에 대해 "그녀의 목소리는 통제되지 않은 폭포수 같은 목소리였다"고 이야기한다.

그러나 아무리 폭포수 같은 목소리를 갖고 있다고 해도 비대한 그녀를 받아주는 오페라 극장은 없었다. 그리스계 이탈리아인 출신이라는 점 역시 그녀를 거부하는 이유 중 하나였다. 하지만 시대의 오페라 가수가 될 수밖에 없는 운명은 그녀를 비켜가지 않았다. 그녀는 또 한 번의 극적인 만남을 갖게 된다. 여러 극장을 전전하며 몸매에 대한 비난을 받던 중 마리아 칼라스는 당대의 명지휘자인 둘리오 세라핀을 만난다. 세라핀은 그녀에게 영혼으로 음악을 듣는 법과 음악에 집중하는 법을 가르쳐준다. 그리고 연출가 루키노 비스콘티에게 무대 위에서 연극적으로 노래하는 방법을 사사받은 후 오페라 가수로서의 그녀의 위치는 더욱 굳건해진다.

당시 마리아는 또 한 사람의 중요한 인물을 만나게 되는데 그가 바로 부유한 사업가이자 오페라광이었던 메네기니이다. 마리아보다 23살 연상이었던 그는 1949년 마리아와 결혼한다. 이들의 결혼생활은 훗날 마리아 칼라스가 선박왕 오나시스를 만나기 전까지 지속된다. 그리고 메네기니의 절대적인 후원 아래 마리아 칼라스는 힘찬 도약의 날개를 펼치게 된다. 하지만 언론은 여전히 그녀의 몸매에 대해 비판적이었다. 당시 그녀의 몸무게는 100킬로그램에 가까워진 상태였기 때문이다.

그녀가 오페라계의 미인으로 거듭나게 된 계기는 우연히 찾아왔다. 1954년 오드리 햅번이 주연한 영화 〈로마의 휴일〉을 본 마리아 칼라스는 굉장한 충격을 받게 된다. 오드리 햅번의 외모와 몸매는 여자가 보기에도 너무나 매혹적인 것이었기 때문이다. 그리고는 다이어트를 결심한다. 그 결과 몸무게를 37킬로그램이나 줄이는 데 성공하면서 백조로 재탄생한다. 이후 그녀는 오페라의 모든 영역을 넘나들며 대활약을 펼치게 되었다.

타고난 음악적 능력과 함께 후천적으로 노력한 외모까지 갖추게 된 그녀의 인생은 오로지 오페라만을 위해 집중되었다. 또 시의적절하게 훌륭한 음악적 스승들까지 만나게 되어 그녀의 능력은 날개를 펼치게 된다. 예술이란 모든 것을 바치는 일이라 생각한 마리아 칼라스는 자신이 할 수 있는 모든 것을 동원하여 최고의 오페라 가수가 되었다.

사랑에도 모든 것을 던졌던 여자

한여름에 새하얀 밍크코트를 입고 땀을 뻘뻘 흘리며 지나가는 여성을 본다면 어떤 생각이 들까? 대부분 제정신이 아니라고 생각할 것이다. 그렇다. 사랑에 빠진 마리아 칼라스는 제정신이 아니었다. 1959년 여름, 남편 메네기니와 함께 그리스의 선박왕 오나시스의 요트로 초대를 받았던 마리아 칼라스는 한눈에 그에게 반하고 말았다.

"난생 처음으로 제가 여자라는 느낌이 들어요"라는 말과 함께 메네기니와의 결혼 생활을 끝내고, 오나시스에게 헌신하며 매달리게 된다. 마리아 칼라스가 한여름에도 입고 다녔던 밍크코트는 오나시스가 마리아 칼라스에게 선물한 것이었다.

이때 마리아 칼라스는 모든 오페라 무대를 뒤로 했으며, 인생의 목표는 오직 오나시스의 여자가 되는 것으로 변해버렸다. 그렇지만 화려한 여성 편력을 자랑하던 오나시스에게 마리아 칼라스는 적당한 결혼 상대자가 아니었다. 호화로운 생활을 하며 세계 곳곳을 함께 여행하는 연인으로는 적당했을지 모르겠지만 말이다. 마리아 칼라스가 사랑에 한껏 빠져 있을 때 오나시스는 케네디의 미망인이었던 재클린과 결혼하고 얼마 후에 죽음을 맞이하며 그녀를 비극으로 몰아넣는다.

오나시스를 향한 그녀의 사랑은 인생의 말년까지도 계속된다. 마리아 칼라스의 아파트에는 늘 오나시스의 사진이 놓여 있었으며, 늘 그를 그리워했다. "케네디 부인은 오나시스를 제대로 이해하지 못했어"라는 말로 자신을 위로하며 말이다.

영화 〈칼라스 포에버〉의 마지막 장면에서 칼라스는 제작자인 레리 켈린과 함께 벤치에 앉아 기도에 관한 대화를 나눈다.

"마술을 부리는 예술가 대신 그냥 보통 여자가 되게 해달라고 기도할 걸 그랬어."

오페라계의 디바, 예술계의 거장으로 인정받았지만 정작 사랑하는 사람을 얻을 수 없었던 그녀는 모든 예술 공연은 사기라는 이야기까지 하며 자신의 인생에 대한 후회를 남기기도 한다. 승승장구하는 예술가로 살아가며 세상의 모든 화려한 것들을 누렸던 그녀였지만 그 안에서는 외로움과 맞서싸우며 몸부림치고 있었던 것이다.

원하는 사랑을 받지는 못했지만, 사실 그녀는 사랑도 예술도 온몸을 바쳐 매진했을 뿐이었다. 자신이 원하는 것을 얻고자 할 때 온몸을 던져 그것을 쟁취하고자 노력하는 것이다. 물론 그녀는 일에서는 성공했지만, 사랑을 받는 데에는 성공하지 못했다. 그렇다고 해서 그녀가 사랑에까지 실패한 것은 아니다.

오나시스와 재혼했지만 그와 이혼하고 싶어했던 재클린 케네디를 승자로, 오나시스의 사랑을 원했지만 그와 결혼하지 못한 마리아 칼라스를 패자로 나눌 수 있는 사랑의 기준은 없다. 분명 마음 속에 더 많은 사랑을 품고 살았던 사람은 마리아 칼라스였을 것이다.

외로움으로 가득했던 디바의 인생

그녀는 1951년 권위 있는 밀라노의 라스칼라 극장의 개막 공연에서 호평을 받았으며, 1954년 시카고 오페라 극장에서 '노르마' 역으로 미국에서 데뷔해 1956년에서 1958년까지 최고의 전성기 시절을 보냈다. 하지만 이때 오나시스를 만나게 되었고 버림 받은 후 1965년, 42세의 나이에 코벤트 가든에서 '토스카'를 열창하고 은퇴를 선언하게 된다. 시간이 흐른 후 다시 재개하여 미국과 유럽에서 순회공연을 펼치기도 하고 영화 〈메데아〉(1970)의 작업도 한다. 그녀의 이력만 듣는다면 화려한 명품과 상류층의 사람들에 둘러싸인 오페라의 디바를 떠올리게 될 것이다.

하지만 그녀는 늘 외로움으로 가득한 인생을 살았다. 미국에서 태어난 그리스계 이탈리아인으로, 할 줄 아는 언어는 많았지만 제대로 할 수 있는 말은 없었으며, 공연을 위해 세계 이곳 저곳을 떠다녔던 방랑자 같은 인생은 그녀에게 외로움을 가중시켜주었을 뿐이다. 인생의 말년에도 커튼이 처진 어두운 집안에 가운 차림으로 앉아 카드 게임을 하거나 옛 음반을 들으며 자신의 지나간 명성을 그리워하기만 했다. 마음을 터놓고 지낼 수 있는 가족이나 친구는 한 명도 없었다.

1977년 9월 16일 마리아 칼라스는 54세의 젊은 나이에 우울증과 수면제 과다 복용으로 심장마비를 일으키며 홀로 쓸쓸히 생과 이별을 고한다. 그녀의 마지막을 목격한 사람은 간호사와 집사뿐이었다. 그녀의 유해는 폭풍우가 치는 에개 해에 뿌려져 지금도 거대한 파도 사이를 가로 지르고 있다.

인생은 온 힘을 다해 살아야 하는 거대한 무대이다

자신의 인생에 대한 후회와 외로움으로 생을 마감한 그녀였지만 우리는 여전히 여러 곳에서 그녀를 만날 수 있다. 음반에 살아 숨 쉬고 있는 그녀의 목소리는 물론이고 '마리아 칼라스'라는 이름을 지닌 레스토랑이나 커피숍도 존재한다. '마리아 칼라스'라는 이름에 예술적 감성이 풍부하게 담겨 있기 때문에 그녀의 외로웠던 인생까지도 예술가의 아우라로 여겨지기도 하며, 음악 외에는 집중할 것이 없었던 그녀의 인생에 고마움이 느껴지기도 한다.

사실 그녀는 자신의 인생을 개척해낸 위대한 예술가다. 무대에 당당히 오르기 위해 피나는 노력으로 외모를 갈고 닦아 아름다운 오페라 가수가 되었으며 자신을 미워하던 어머니에게 인정받기 위해 열심히 노래를 배웠다. 물론 천부적인 기질 또한 있었겠지만 말이다. 또 오나시스와의 사랑에서도 그녀는 자신의 마음이 움직이는 대로 그에게 다가갔고 죽을 때까지 그를 잊지 못할 만큼 열정적인 사랑을 하기도 했다. 무대 위의 디바는 현실에서도 무대 위처럼 온 힘을 다해 살았던 것이다.

아름다운 짙은 눈썹과 화려한 미소는 천상의 목소리와 함께 우리에게 아름다운 여인의 모습으로 간직되고 있고 앞으로도 그럴 것이다. 당신이 살고 있는 이 세상에 낙담하거나 일상이 따분해질 때면 그녀의 목소리를 한번 들어보자. 그녀의 목소리를 타고 들려오는 신의 목소리를 들을 수 있을지도 모른다.

"모든 것을 주었다는 것이 예술입니다.
그 일만을 위해 울어야 합니다."

옳다고 믿는 것은 밀어붙여라

여성 정치인을 대표하는 영국의 수상

마거릿 대처 (Margaret Hilda Thatcher)

마거릿 대처가 교육장관이었던 시절은 국가가 개인을 위해 많은 것을 해주어야 한다는 '큰 정부'의 전성시대였다. 하지만 그녀는 "결국 개인이 하기 나름이다. 사회가 개인의 처지를 일일이 돌봐줄 필요는 없다"고 주장하는 정치인이었다. 이 시기에 그녀는 어린이들을 위해 무료로 제공되던 우유를 일곱 살에서 열한 살까지의 아동에게는 유료로 제공하겠다는 결정을 내렸다. 당연히 반대 데모가 일어났고 그녀는 '우유 도둑'이라는 오명까지 쓰게 되지만 자신이 믿는 것은 반드시 추구했던 마거릿 대처는 이를 그대로 밀고 나갔고 데모 운동 역시 자연스럽게 사그라들었다.

반면 공공도서관을 유료화하는 계획에 대해서는 강력하게 반대하고 나섰다. 그녀는 늘 "도서관은 시민을 위한 대학이다"라는 말을 해왔던 사람이고 개인이 자신의 인생을 더 나은 방향으로 이끌어나가기 위해 우유보다 필요한 것은 지식과 학습이라는 생각을 갖고 있었기 때문이다.

자신이 옳다고 믿는 것은 있는 힘껏 몰아붙이는 전투적인 신념과 또 '작은 정부'의 태도를 유지하며 시민들이 필요로 하는 것은 충분히 제공하겠다는 믿음이 있었던 정치인, 그러면서도 대부분의 일들은 개인의 책임이며 또한 스스로 노력해나가야 한다는 사고방식을 갖고 있는 사람이 바로 마거릿 대처였다. 그리고 다소 무책임하달 수 있는 그녀의 주장이 당시 강력한 설득력을 얻을 수 있었던 것은 무엇보다 마거릿 대처 자신의 삶이 '모든 것의 개인이 하기 나름'이라는 노력의 정신으로 점철되어 있었기 때문이었다.

식료품점 딸에서 영국의 대표로

마거릿 대처의 아버지인 알프레드 로버츠는 식료품점을 경영하던 사람이었다. 처음에는 식료품점의 점원이었지만 결국 그 식료품점을 인수하여 직접 경영하게 된다. 그녀의 아버지는 가난한 집에서 태어나 제대로 공부를 마칠 수 없었지만, 훗날 정치에까지 입문하여 시장직을 역임했는데, 마거릿 대처에게 '인생은 개인이 개척하기 나름이다'라는 신념을 갖게 만든 주인공이라 할 수 있다.

마거릿은 아홉 살 때 지역 드라마 경연대회 시닝송 부문에 출전하여 우승하게 되었을 때도 "마거릿, 넌 참 운이 좋은 아이다"라고 사람들이 이야기하면 "저는 운이 좋은 게 아니라 당연히 받을 자격이 있어서 받은 것입니다"라고 당당히 의견을 밝히는 자신만만한 소녀이기도 했다.

많은 이들이 마거릿 대처의 인생 개척 능력과 자기 스스로에 대한 믿음의 상당 부분을 아버지로부터 이어 받은 것이라 생각한다. 그녀의 아버지 알프레드는 마거릿이 어렸던 시절부터 지방 의회의 업무에도 관심을 갖게 했는데 마을에 정치인이 연설을 위해 방문했을 때에도 직접 방문하지 못할 상황에는 반드시 마거릿을 대신 보내 연설의 요점을 자신에게 설명하도록 훈련시켰다. 정치에 포부가 있었던 알프레드는 빅터 워렌더를 지지하기 위해 선거 운동에 뛰어들었을 때에도 마거릿을 대동하곤 했는데, 고작 열 살인 그녀에게 운동 본부 밖의 상황과 당 위원회실을 오가며 상황을 전달하는 역할을 맡기곤 했다.

그녀의 인생을 지탱해준 또 하나의 강력한 무기는 바로 종교였다. 집안 대대로 믿어온 감리교는 늘 기본적인 것에 충실하고 모범적인 인생을 살아가도록 만드는 원동력이었다. 또 남에게 기대지 않고 자신의 힘으로 인생을 개척해나가는 능력도 감리교의 가르침이었기 때문에 그녀의 보수적인 성향에 큰 영향을 끼치기도 했다.

누구에게나 유년시절의 배움은 인생을 살아나갈 수 있는 커다란 자양분이 된다. 마거릿 대처에게는 '식료품점 딸'이라는 꼬리표가 평생 따라다니지만 그녀는 남들이 비웃는 식료품점 딸로 살아가며 영국 수상이 될 수 있는 힘을 배웠다.

자신의 처지를 탓하기 이전에 자신의 꿈이 무엇이고 그 꿈을 이루기 위해 무엇을 해야 하는지 알아보고 실행에 옮기자. 지금 당신이 어느 자리에 있건 최고가 될 수 있는 배움을 받을 가능성은 충분하다. 작은 노력들이 당신의 인생을 뒤바꿀 것이다.

도움이 되지 않는 경력은 없다

마거릿 대처는 옥스퍼드대학교 화학과에 진학하여 과학도가 된다. 이는 훗날 그녀의 정치 능력에 큰 도움을 주는데, 다른 정치인들이 감정에 호소하는 연설을 했다면 그녀는 통계 수치를 사용하여 사람들이 객관적인 사실을 받아들일 수 있도록 과학적인 연설을 하는 정치인으로 이름을 알리게 된다.

그녀의 객관적 검증 능력은 수상 선거가 있을 때부터 시작되었다. 마거릿 대처는 직접 슈퍼마켓에서 선거 유세를 펼치기도 했는데, 이는 그저 단순한 연설을 위한 외출이 아니었다. 그녀는 빵, 버터, 고기 등을 가득 채워 넣은 푸른색 장바구니를 오른손으로 들고, 절반 정도 물건을 채운 분홍색 장바구니를 왼손에 들었다. 푸른색 장바구니는 보수당 시절에 1파운드로 살 수 있는 물건들을 채워 넣은 것이었고 분홍색 장바구니에는 노동당 시절 살 수 있는 물건을 넣어둔 것이었다. 그녀가 속한 보수당을 상징하던 푸른색을 활용한 장바구니는 주부들에게 직격탄을 던진 셈이었다. 치솟는 물가에 민심이 지쳐가던 시기였기 때문이다. 눈으로 보여지는 결과물에 민심은 돌아설 수밖에 없었다.

법률에도 관심을 갖게 되어 변호사가 되기를 꿈꾸며 변호사 시험 준비를 하던 시절도 있었다. 그녀는 1950년 총선에 출마했다. 비록 선거에서는 떨어졌지만 이때 데니스 대처를 알게 되고 그와 결혼하여 마거릿 대처라는 이름을 갖게 되었다. 결혼 이후에는 변호사 공부에 전념하게 되고 변호사이자 두 아이의 엄마로 살게 되었다.

정치가의 꿈을 버리지 못해 선거에 출마하고자 했지만 유부녀인 마거릿의 정치계 입성을 탐탁지 않게 여기던 보수당 간부들 탓에 기회를 얻지는 못한다. 그래도 굴하지 않고 유세장마다 따라다니며 보수당의 선거 운동을 도운 결과 1958년 입후보 할 수 있게 되었고 1959년 드디어 꿈에 그리던 국회의사당에 입성할 수 있었다.

이후 그녀는 화려한 정치 경력을 쌓아가게 된다. 1965년 주택장관과 연금장관, 1966년 재무장관, 1967년 에너지장관, 1968년 교육장관과 교통장관, 1970년 교육장관 등 다양한 분야의 정치를 경험하며 1975년 드디어 보수당의 당수가 되는 데 성공하게 되었다. 그리고 1979년에는 영국 최초의 여성 수상이 되는 데 성공한다. 이때부터 평생 꿈꾸었던 정치적 기량을 국민을 위해 하나씩 실행에 옮겨 나가기 시작한다.

물론 그녀가 수상이 되기까지는 어려움도 있었다. 가장 큰 걸림돌은 그녀가 여성이라는 사실이었다. 이 때문에 정치계에서의 입지 또한 튼튼하지 않았다. 꼬투리를 잡고자 노력하는 남성 의원들이 많았고 심지어 각료들마저도 그녀를 수상으로 대접해주지 않았다고 한다. 그렇지만 마거릿은 이에 굴하지 않고 매스컴을 활용하여 자신의 강인한 이미지를 만들어나갔으며 자신에게 대항하는 남성 정치인들에 대한 뒷조사도 감행하여 그들을 위협하기도 하며 자신의 자리를 굳건히 지켜나갔다. 1980년대에 들어서면서는 그녀의 힘에 대항할 수 있는 정치인은 존재하지 않게 된다. 기자들이 "정치가로서 여성이라는 것이 유리한가?"라는 질문을 할 때에도 "나는 정치가입니다. 그리고 끝까지 정치가로서 버텨 나갈 작정입니다"라는 대답만 했다. 그녀 스스로도 여성으로서 갖는 어려움을 절감했지만 이를 의식하지 않고자 노력하며 그들과 똑같이 경쟁하고 실력을 쌓아 이겨냈다.

또 마거릿 대처는 자신의 꿈을 이루기 위해 자신의 모든 능력을 동원하여 사용할 줄 아는 사람이었다. 화학과를 전공했다는 이력은 사실 정치인에게 별 도움이 안 될 수도 있다. 게다가 정치인을 꿈꾼다면 굳이 어려운 변호사 시험에 도전할 필요도 없었을 것이다. 하지만 그녀는 과학도로서의 공정함과 변호사의 논리를 적극 활용하여 자신의 정치 능력을 효율적으로 국민에게 전달할 수 있었다.

인생의 방향은 개인이 결정하는 것

얼마 전 버스를 타고 청담동을 지나가는데 주유소 위의 플랜카드가 눈에 들어왔다.

"모든 일은 가능하다고 생각하는 사람만이 해낼 수 있다"고 적힌 고(故) 아산 정주영 회장의 말이었다. 공부를 하고 싶었지만 가난 때문에 모든 일이 불가능했던 집안을 벗어나기 위해 소 판 돈 70원을 갖고 서울로 상경하여 굴지의 기업을 일궈낸 그의 말이기에 더욱 깊이 가슴에 와닿았다. 아무리 좋은 조건을 갖춘 사람이라고 해도 의지가 없으면 그어떤 일도 해낼 수 없다. 그리고 가진 것이 없어도 자신이 꾸고 있는 꿈이 가능하다고 믿는 사람은 모든 일을 해낼 수 있다. 이는 마거릿 대처의 정치 철학과도 맞닿아 있다.

마거릿 대처의 큰 업적 중 하나는 경제 개혁을 추진했다는 것이다. 그녀는 DIY(Do It Yourself) 정신을 되찾고자 노력했으며 이를 위해 저축의 장려와 감세, 정부 지출의 삭감 등을 실행했다. 이 시기에 영국은 거대

자본가를 중심으로 모든 경제 활동이 이루어지고 있었는데 대처는 대중 스스로가 기업의 주주가 되어 경제적 성과를 직접 자기의 성과로 거둘 수 있도록 만들고 싶었다. 그녀가 어린 시절 배웠던 절약하는 태도와 소박한 라이프스타일은 이를 가능하게 만들어줄 수 있을 것 같았다. 마거릿 대처는 국민들에게 저축을 장려했으며 물가 안정을 이루도록 노력했다. 그래서 보다 많은 국민이 셋집이 아니라 자신의 집을 소유할 수 있는 사회를 꿈꾸었다. 또 다양한 중소기업들이 서로 경쟁하며 더 나은 소비를 위해 노력하는 사회가 되기를 꿈꿨다. 이로 인해 '그랜덤주의'라는 말이 유행하기도 했는데 그랜덤은 그녀가 유년시절을 보낸 곳으로 절약하는 삶의 태도를 대변하는 말이 되었다.

국가의 보조에 의존하여 나약한 삶을 살기보다는 스스로 일하고 저축하며 경제 기반을 만들 수 있도록 노력하는 영국민의 국민성은 마거릿 대처로부터 기인했다고 해도 과언이 아니다. 그밖에도 그녀는 40억 파운드의 대규모 감세와 노조 가입자만 고용이 가능한 고용법을 개정하기도 하는 등 자유 경제를 위한 방안들을 실행해 나간다.

이 역시 모든 인생의 방향은 개인이 결정하는 것이라는 신념에 근거한 것들이었다. 국가가 끝없이 국민을 보조하기보다는 스스로의 힘을 기르고 사회가 이를 가능하게 만들어주면 각자가 DIY의 힘을 길러나갈 수 있다는 신념 말이다.

"당신은 이미 일하고자 하면 얼마든지 일할 수 있는 시대에 속해 있는 사람입니다. 능력이 없다고 주저앉기보다는 지금 자신의 위치에서 어떤 경쟁력을 키워서 자본주의 사회에 뛰어들지 고민한다면 더 큰 결과물을 만들 수 있어요."

이것이 바로 대처가 꿈꿨던 시대였다.

꿈이 정해졌다면, 자신의 발로 걸어가라

열 살 때부터 선거 유세장을 뛰어다니던 한 소녀는 영국의 최고 권력자
가 되어 세계적인 정치인이 되기에 이르렀다. 그녀에 관한 책과 영화 또
한 우리 곁에 존재하며 그녀에 대해 많은 정보를 알 수 있게 한다.

권모술수를 통해 유명한 정치인이 되기는 쉽지만 세월이 지나도 국민
들이 존경하는 지도자로 남기는 쉽지 않다. 하지만 대처는 이 비밀을 알
고 있었다. 온전히 국민 편에 서서 그들의 인생이 더 나은 방향으로 흘
러가도록 도와주는 것이 진정한 정치인의 역할이라는 것을 말이다. 그
리고 자신이 꿈꾸는 역할을 수행하기 위해 인생의 모든 에너지를 총동
원하여 홀로 노력한 사람이 바로 마거릿 대처이다.

재정 적자와 노사분규로 멍들어가던 영국 경제를 강력한 지도력으로
평정했던 마거릿 대처를 세계인들은 '철의 여인'이라고 부른다. 자신이
믿는 것에 대해서는 절대 굽히지 않는 여인이라는 뜻으로 소련에서 붙
여준 별명이었지만 마거릿은 오히려 역으로 이 별명을 마음에 들어 했
다고 한다. 누군가의 조롱마저도 자신의 힘으로 받아들일 수 있는 정치
가였던 것이다.

150년에 걸쳐 지속되던 포클랜드 제도를 둘러싼 영국과 아르헨티나
의 각축을 자신의 면모를 십분 발휘하여 승리로 이끌어내 포클랜드 전
쟁에 '마거릿 대처의 전쟁'이라는 이름까지 붙을 수 있게 만든 영국의

수상. 이 전쟁으로 인해 사망한 250명의 사망자 가족에게 250통의 위로 편지를 보낸 국민을 위로하는 정치인. 비록 그 권위가 영원할 수는 없었지만 여전히 '대처리즘', '그랜덤주의', 'DIY 정신' 등의 단어로 그녀의 정치 정신은 계승되고 있다.

가난한 집에서 태어났다고 해서, 꿈꾸는 일과는 다른 전공을 공부했다고 해서, 여성이라는 까닭에 꿈꾸는 일을 하지 못할 이유는 하나도 없다. 지금 당신이 있는 바로 그 자리에서 최고가 되기를 꿈꿔라. 그리고 꿈이 정해졌다면, 자신의 발로 걸어가라.

"나는 여성이기 이전에 정치가입니다.
그리고 끝까지 정치가로서
버텨 나갈 작정입니다."

남을 돕는다는 것은 결국 자신을 돕는 것이다

아름다움의 대명사가 된 세기의 여배우

오드리 헵번 (Audrey Kathleen Ruston)

'미인'이라는 것에 절대적인 기준은 없다. 시대에 따라, 문화에 따라 아름다움의 기준은 변한다. 원시 시대에는 굶주림에 대비하고 다산을 목적으로 한 비만한 엉덩이에 풍만한 가슴과 배를 지닌 여성이 미인의 표본이었다. 반면 그리스 시대에는 화장기 없는 창백한 얼굴과 이상적인 비례를 갖고 있는 여성이 미인의 기준이 되었다. 로마 시대에는 일자 눈썹에 하얀 치아를 갖고 있는 여성을 미인이라고 불렀다. 19세기에 들어서자 가슴과 엉덩이는 풍만하되 허리는 개미처럼 가는 모래시계형 체형이 미인으로 꼽혔다. 곱슬거리는 퍼머를 한 머리가 인기를 끌어 여성들의 머리가 뜨거운 쇠꼬챙이에 혹사당하기 시작한 시기이기도 하다.

20세기에 들어서면서 전쟁 직후의 인구 감소로 다산에 대한 욕구가 다시 생겨나며 엘리자베스 테일러나 마릴린 먼로처럼 굴곡 있는 몸매와 큰 가슴을 갖고 있는 여성들이 다시 인기를 끌게 되었다. 그러나 이 시기에 예외적이면서도 고전적인 아름다움을 갖고 있는 여배우가 있었으니, 바로 오드리 햅번이다.

오드리 햅번은 단지 기하학적이고 비율적인 측면에 의한 외적 아름다움으로 시대를 대표하는 미인이 된 사람은 아니었다. 빈약한 가슴과 엉덩이에 얇은 입술이라는, 당시의 미적 기준과 맞지 않는 외모를 갖고 있던 그녀는 한때 "카메라와 맞지 않는다"는 말을 듣기도 했고, 배우가 아닌 발레리나 지망생이었기에 연기하는 내내 자신이 과연 잘 하고 있는 걸까 하는 불안감에 시달려야 했다. 그러나 그녀는 그것을 오직 연기에 대한 성실한 자세와 이를 반영하는 연습만으로 극복해냈다. 배우라는 자신의 직업에 대한 굽힐 수 없는 열정과 이를 반영하는 엄청난 연습량이 남들이 알지 못하는 그녀만의 성공 비결이었다.

하지만 오늘날의 우리에게 더욱 잘 알려져 있는 오드리 햅번은 배우로서의 모습이라기보다는 전 세계 기아 어린이들과 평화를 노래하며 보냈던 말년의 모습이다. 비단 배우로서의 인생만이 아니라 오드리 햅번은 자신의 인생 자체에 충실하며, 늘 최선을 다한 사람이었다. 배우 시절에는 연기에 열정을 다했고, 자식이 생긴 후에는 자식에게 온 열정을 바쳤으며, 은퇴한 후에는 가난한 나라의 어린이들을 위해 전 세계를 떠도는 일에 온 힘을 기울인 여인. 그녀의 삶을 돌아보다 보면 '진정 아름다운 삶이란 이런 것이구나!' 하고 나도 모르게 생각하게 된다. 인생의 매 순간마다 자신의 열정을 다해 걸어갔던 그녀, 진정 시대를 넘는 절대적 아름다움을 지닌 고귀한 셀레브리티이다.

아름다움을 넘어선 고귀한 삶

1929년 벨기에 태생의 이 여배우는 글래머러스한 여배우들이 인기를 끌던 시절에 깡마른 체구와 깊고 착한 눈망울이 얼마나 매력적일 수 있는지를 보여준 최초의 여인이었다. 그리고 오드리 햅번의 영화들이 영화사에서 가장 사랑스럽고 로맨틱한 영화들로 따로 분류되는 것은 그녀가 여배우로서 지니고 있던 아우라가 얼마나 굉장한 것이었는지를 보여준다. 지금도 각종 드라마나 영화에서 그녀가 나왔던 영화의 장면들을 패러디해서 보여주고 있을 정도이니 말이다. 그녀 자신도 영화계에 몸담을 수 있었던 것에 대해 자랑스러워한다.

"즐거움을 주고, 아름다움을 창조하고, 우리의 의식을 고양하고, 동정심을 불러일으키고, 더 중요하게는 이 폭력적인 세상에서 잠시라도 한숨 돌릴 수 있게 해주었던 산업에 몸을 담았던 게 자랑스럽습니다."

사실 아직까지도 그녀의 사랑스럽고 고귀한 모습을 대체할 수 있는 여배우는 존재하지 않는다고 감히 말할 수 있다. 그녀가 특별한 이유는 귀족 가문의 피를 물려받아 태생적으로 고급스러운 분위기는 물론이고 예쁜 외모와 사랑스러운 연기력도 있었겠지만, 인생 후반부를 살아간 삶의 태도가 참된 행복이 무엇인지를 아는 자의 것이었기 때문이다. 그녀는 두 아들과 함께 더 많은 시간을 보내고 싶어했고, 일보다는 가정생활에 충실하고 싶어했다. 또 유니세프의 선행 홍보대사로 전 세계를 여행하며 구호에 힘썼으며 정치가들도 만났다. 그리고 모든 인류에게 빈곤의 삶을 살고 있는 어린이들을 돌볼 것을 제안한다. 그녀의 업적 중 가장 위대한 일이었다.

"사람들은 나를 보고 싶어한다. 나는 사람들의 호기심을 이용해서 아이들을 돕고 있다."

오드리 햅번은 솔직한 자신의 심정을 내뱉으며 나머지 인생을 노블리스 오블리제의 삶을 실현하며 살았다. 그녀의 말처럼 그녀의 영향력은 많은 이들에게 미치어 봉사에 대한 귀감이 되어주고 있다. 심지어는 2012년을 살고 있는 나에게도 유니세프에 대한 관심과 후원의 의지를 불러일으킨 장본인이기도 하다. 이는 그녀의 말처럼 오드리 햅번을 향한 호기심에 그녀의 모든 것을 닮고 싶다는 마음이 더해져 불러일으킨 것일 수도 있다. 하지만 유명인사가 되었다고 해서 모두 선행을 베푸는 삶을 살 수 있게 되는 것은 아니다. 그녀는 계층 간의 대립을 해결할 수 있는 최고의 수단이라 여겨지는 노블리스 오블리제의 삶을 살고자 노력했으며 이를 실행에 옮겼다. 진정 시대가 바라는 롤모델이라고 할 수 있을 것이다.

전쟁이 뒤바꾼 운명

오드리 햅번의 인생이 늘 기쁘고 행복하기만 했던 것은 아니다. 그녀가 열한 번째 생일을 맞이하고 얼마 지나지 않아 독일군이 도시에 쳐들어왔고 어린 나이에 제2차 세계대전의 희생양이 되었다. 전쟁 기간 내내 먹을 것 없이 지내며 죽을지도 모른다는 공포와 가족들을 잃을지도 모른다는 불안감에 시달려야 했다. 오드리는 훗날 이때의 경험 덕분에 작은 것에도 감사하며 살게 되었다고 회고한다. 안전함에 감사하고 먹을 수 있는 음식이 있다는 것에도 감사하게 되었다. 그녀가 봉사하는 삶을 살게 된 것도 아마 이 때문이었을 것이다.

전쟁이 끝난 후 그녀는 암스테르담으로 가게 되었고 이곳에서 램버트 발레 학교에 입학하여 발레를 배우게 된다. 하지만 그녀는 발레를 하기에는 다소 큰 키를 갖고 있었고 무엇보다 돈이 필요했다. 생계를 위해 모델 일에 뛰어들었고 영화에도 얼굴을 내밀기 시작했지만 단역만을 전전하는 이름 없는 배우에 불과했다. 그러다 그녀의 스크린 테스트 결과가 감독 윌리엄 와일러에게 전달되었고, 그는 그녀를 〈로마의 휴일〉의 공주로 만들겠다고 결정했다. 이후 우리가 알고 있다시피 오드리 햅번은 전 세계인의 공주가 되었다.

돈이 없어서 하고 싶었던 발레를 포기했던 소녀는 뮤지컬과 영화에서 단역을 맡았고, 그 결과 영화계에 길이 남을 여배우가 되었다. 그녀 스스로도 이는 전혀 예측하지 못했던 결과였다. 그저 어린 시절 아버지의 가출을 겪은 후 매사에 불안감을 느끼며 살아야 했고, 발레리나가 되고 싶었지만 발레리나 슈즈를 살 돈이 없어 돈을 벌 만한 일이 필요했을 뿐이었는데 말이다.

연기를 어떻게 해야 하는지 잘 몰랐던 그녀는 연습만이 살 길임을 감지하고 있었다. 그녀와 1957년작 〈하오의 연정〉에 함께 출연했던 배우 게리 쿠퍼는 30년간 영화배우로 살며 오드리 햅번처럼 열심히 연습하는 주연 배우를 본 적이 없다고 이야기했다. 발레를 배우던 시절에도 발레를 가르치는 선생이 그녀에게 "당신은 발레에 전혀 소질이 없다"라고 이야기한 적이 있지만 그녀는 이에 굴하지 않고 매일 매일 발레 연습에 혼신의 힘을 기울였다. 무명 시절의 노력을 데뷔한 이후에도 변함없이 유지

했다는 점은 우리가 분명 배울 수 있는 그녀의 훌륭한 점 중 하나일 것이다. 그리고 이런 노력이 결실을 맺어 그녀는 〈로마의 휴일〉(1953), 〈사브리나〉(1954), 〈하오의 연정〉(1957), 〈화니 페이스〉(1957), 〈파계〉(1959), 〈티파니에서 아침을〉(1961), 〈마이 페어 레이디〉(1964), 〈어두워질 때까지〉(1967) 등의 주연을 맡으며 오스카상, 아카데미 여우주연상, 골든글러브 평생공로상, 아카데미 진허숄트박애상 등 평생 대중의 인기는 물론이고 평론가들의 지지 속에서 살아간다.

그녀는 훗날 하루라도 불안하지 않은 날이 없었다고 회상한다. 아무리 대중의 사랑이 엄청나다 할지라도 연기에 대한 그녀의 욕심은 끝이 없었다. 스스로를 자신 없는 사람이라 평가했던 그녀는 극도의 긴장감 속에 연기에 대한 연습과 열정을 매 역을 맡을 때마다 쏟아붓고 그 결과 명작으로 길이 남을 영화들을 만들어냈다.

초등학생 시절에 전쟁을 겪는다는 것은 한 인간의 인생을 통째로 바꿔버릴만큼 커다란 일이다. 하지만 운명은 이러한 상황에서도 그녀의 손을 들어주었고, 돈이 필요했던 그녀를 영화계로 인도해준 것이었다.

최고의 행복은 마음에 있다

오드리 햅번은 일에 열정을 쏟아붓는 만큼 개인의 인생에도 충실하길 소원했다. 두 남자와 열정을 다해 사랑했고, 그 결과 결혼했으며 비록 이혼으로 끝나긴 했지만 가정생활에도 충실하길 원했다. 그리고 두 번의 이혼 후에 진정한 소울메이트라 부를만한 영화배우 로버트 월더스를 만나게 되는데 그와는 결혼하지 않고 구호 활동을 함께 하며 죽는 순간까지 서로의 곁을 지킨다.

오드리 햅번에게는 두 번의 이혼 경력이 있다. 그녀보다 열두 살이 많은 영화 제작자 멜 페레와의 첫 번째 이혼 후, 아홉 살 어린 정신분석가 안드레아 도티와 결혼 후 이혼했다. 그녀는 이들 사이에서 얻은 두 아들과 좀 더 많은 시간을 보내길 원했고, 자신이 영화계에서 아무리 큰 명성을 얻는다고 해도 침대 맡에서 아들에게 동화책을 읽어줄 시간이 없다면 이는 아무 소용없는 것이라 생각했다. 그녀는 아이들을 무척 좋아했는데, 평생 출산을 기다려왔다고 공공연히 밝혔으며 엄마가 되기 위해 태어난 것이라 말하기도 했다. 그녀는 1992년 11월 직장암 진단을 받고 석 달만 허락된 인생을 살게 된다. 그리고 죽기 직전 맞은 마지막 크리스마스에 자식들에게 자신이 좋아하는 시를 유언처럼 들려준다. 세상에 존재하는 가장 아름다운 이 시를 말이다.

아름다운 입술을 가지고 싶으면
친절한 말을 하라.
사랑스러운 눈을 갖고 싶으면
사람들에게서 좋은 점을 봐라.
날씬한 몸매를 갖고 싶으면
너의 음식을 배고픈 사람들과 나누어라.
아름다운 머리카락을 갖고 싶으면 하루에 한 번
어린 아이가 손가락으로 너의 머리를 쓰다듬게 하라.
아름다운 자세를 갖고 싶으면

결코 너 혼자 걷고 있지 않음을 명심하라.

사람들은 상처로부터 복구되어야 하며

낡은 것으로부터 새로워져야 하고

병으로부터 회복되어야 하고

무지함으로부터 교화되어야 하며

고통으로부터 구원 받고 또 구원 받아야 한다.

결코 누구도 버려서는 안 된다.

기억하라. 만약 도움의 손이 필요하다면

너의 팔 끝에 있는 손을 이용하면 된다.

네가 더 나이가 들면 손이 두 개라는 걸 발견하게 된다.

한 손은 너 자신을 돕는 손이고 다른 한 손은 다른 사람을 돕는 손이다.

그녀는 아이들에게 세상을 살아가기 위해 배워야 할 것은 교과서에 나와 있는 지식이 전부는 아니라고 가르쳤다. 아이들의 친구들에게도 평범하고 다정한 아줌마였으며 전 세계인에게 받았던 그 풍족한 사랑을 아이들과 나누고, 아이들도 또 다른 사람들을 사랑하며 살 수 있기를 가르쳤다.

그녀는 자신의 명성이 자선기금을 모집하는 데 커다란 도움이 된다는 것을 알게 되었고, 먼저 유니세프에 연락을 취해 친선대사가 되었다. 그리고 60세를 바라보는 나이에 오지와 전장, 전염병이 퍼져 있는 모든 지역을 다니게 되었다. 여전히 그녀에게 찬사를 보내고 있던 전 세계의 팬들은 그녀의 모습을 보며 구호에 관심을 기울이기 시작했고, 작은 힘이 그들에게 큰 도움이 된다는 의식이 확산되어나갔다.

소말리아 지역을 방문했을 때, 오드리 햅번은 아랫배에 심한 복통을 느꼈다. 구호에서 돌아온 이후 병원을 찾고 직장암 진단을 받게 되었고, 1993년 1월, 63세의 오드리 햅번은 가족들이 지켜보는 가운데 스위스의 자택에서 조용히 숨을 거둔다. 전 세계의 평화와 인류애를 실현하며 살았던 그녀의 모든 행적은 '오드리 햅번 평화상'이 만들어지며 그 뒤를 잇고 있다.

인생을 바라보는 아름다운 시선만큼 중요한 것은 없다

오드리 햅번은 참으로 고귀한 여자다. 물론 외모도 아름다웠고 이 시대 여성들이 원하는 44사이즈의 스키니한 몸매를 지녔지만 무엇보다 아름다웠던 건 세상을 바라보는 시선이다.

그녀가 아들에게 남긴 유언 중에 '아름다운 머리카락을 갖고 싶으면 하루에 한 번 어린 아이가 손가락으로 너의 머리를 쓰다듬게 하라'는 문장이 있다. 그녀는 아름다운 머리카락을 갖기 위해 머리에 영양분을 공급하고 헤어 살롱에서 관리를 받는 여자는 아니었다. 삶과 사람과 직접 부딪히며 생명의 아름다움을 알아갔고 우리가 살면서 지켜야 하는 가치가 무엇인지를 자신의 자리를 이용해서 우리에게 유산으로 남겨줄 수 있는 여자였다.

또한 그녀는 무엇이든 최선을 다하는 여자이기도 했다. 배우일 때는 매순간 자신의 연기에 최선을 다했으며, 결혼하여 자식이 생긴 이후에는 자식에게 사랑을 쏟기 위해 최선을 다했다. 그리고 마지막으로 은퇴

"당신이 조금 자란다면,
그때 알게 될 겁니다.
당신에게는 두 개의 손이
있다는 것을요."

를 한 황혼기에조차 그녀는 전 세계의 어린이들에게 희망을 주기 위해 모든 힘을 기울였다.

누구에게든 인생은 소중하다. 하지만 그 인생의 하루하루를 온전히 충실한 날들로 채워 넣기란 그리 쉽지 않은 일이다. 오드리 햅번은 자기 인생의 소중함을 누구보다 잘 알고 있었으며, 자기 인생만큼 다른 사람의 인생 역시 소중하다는 것을 가슴 속 깊이 깨닫고 있었다. 우리가 진정 지켜야 할 가치가 무엇인지, 그리고 그 가치를 이웃과 나누며 어떻게 살아가야 하는지 알려준 그녀는 진정한 아름다움을 간직한 여성이었다.

1993년 그녀가 세상을 떠났을 때, 많은 사람들은 그녀의 죽음을 아쉬워하며 이런 말을 나누었다고 한다.

"인간의 모습을 한 아름다운 천사가 우리 곁을 떠나갔다."

만약 당신의 인생에 소중한 가치가 있다면 매순간 그것에 충실한 삶을 살아보려 모든 열정을 기울여보자. 그리고 그 소중함을 다른 사람과 나누는 일에도 관심을 가져보자. 어쩌면 당신의 삶도 오드리 햅번의 삶만큼이나 고귀해질지 모른다.

상상력이 모든 것을 판가름한다

기차를 기다리다 10억 달러의 꿈을 이룬 소설가

조앤 K. 롤링 (Joanne K Rowling)

소설가 조앤 K. 롤링이 〈해리포터〉 시리즈를 처음으로 생각해낸 곳은 기차역이었다. 맨체스터에서 런던까지 기차를 타고 여행할 일이 생겼던 조앤은 기차 고장으로 4시간 동안 시골 한복판에 머무르게 되자 이 무료한 시간을 달래기 위해 상상에 잠겼다. 그리고 마법사들을 위한 기숙학교에 가게 된 한 소년의 이야기를 떠올려내게 된다.

그녀가 만일 '빨리빨리' 병에 걸린 환자였다면 4시간이나 지체하게 된 시간 때문에 짜증부터 냈을 것이다. 아니면 이 4시간을 역무원과 말다툼하느라 소비해버렸을 수도 있다. 사회비판적인 사람이었다면 다른 승객들과 기차라는 교통수단에 대해 비판적으로 토론을 벌였을지도 모른다. 하지만 그녀는 남는 시간에 누구나 할 수 있는 '상상'을 했다. 그저 기차역에 얌전히 앉아서 호그와트로 가려면 통과해야만 하는 킹스크로스역의 9와 4분의 3 승강장을 머릿속에 그려냈다. 간단히 말하면, 21세기 최고의 동화가 된 〈해리포터〉 시리즈는 기차의 연착으로 시작된 것이었다. 그리고 남는 시간에 인간이라면 누구나 할 수 있는 '상상'이 이 매혹적인 동화를 탄생하게 했다고 말할 수도 있을 것이다.

하지만 상상력이 이루어낸 조앤 K. 롤링의 성공을 단순히 그녀 자신의 능력에만 달린 것이라고 판단하는 것은 섣부른 일이다. 〈해리포터〉를 탄생시킨 것은 조앤 K. 롤링의 상상력이었지만 이 상상력을 소설이라는 작품으로 바꿔내기 위해서는 가난을 배경으로 한 끊임없는 글쓰기의 과정이 동반되어야만 했다.

글쓰기만이 희망이었던 여인

지금은 전설적인 일화로 알려져 있는 〈해리포터〉 시리즈의 시작이지만, 낭만적으로도 느껴지는 그 일화와는 달리 조앤 K. 롤링의 삶은 불행이 겹쳐진 지독한 가난의 연속이었다.

액세터대학교에서 불문학과 고전학을 전공했지만 졸업하고 난 후 그녀가 겪은 것은 계속되는 실패뿐이었다. 적성과 맞지 않는 비서직은 내내 실수투성이였고 결국은 해고까지 당하고 만다. 이후 포르투갈의 한 학교에서 영어 교사를 구한다는 광고를 접한 뒤 영어 강사를 하다 조르즈 아란테스를 만나 결혼을 한다. 하지만 결혼 생활 역시 행복하지 못했고 결국 3년만에 이혼한 그녀에게 남겨진 것은 딸아이 하나와 정부에서 주는 보조금뿐이었다. 포르투갈에서 갈 곳을 잃은 그녀는 다시 영국으로 돌아와 동생이 살고 있던 스코틀랜드 에든버러에 정착한다. 그리고 친구로부터 600파운드를 빌려 허름한 임대 아파트에 딸과 함께 살게 되었다. 지독한 가난에서 벗어나고자 하는 욕망은 어린 딸아이를 보며 더욱 커져만 갔다.

조앤이 현실에서 벗어날 수 있는 유일한 방법은 상상하는 것이었다. 딸과 함께 안정적인 삶을 꾸려나갈 제대로 된 집도 하나 없는 상황이었지만 웅장한 고대 유럽의 성과 같은 호그와트 마법학교에서 사는 것은 상상에서는 가능했다. 딸에게는 동화책 한 권 사줄 돈도 없었지만 상상 속의 모든 일들을 4개월 된 딸에게 이야기해주는 것은 가능했던 것이다.

컴퓨터가 없던 그녀는 타자기를 붙잡고 앉아서 〈해리포터〉 시리즈를 써내려가기 시작했다. 11세부터 17세까지 마법학교에 다니며 일어나는 일들을 한 학년에 한 권씩 분배한 7권짜리 시리즈물을 만들어내기 시작한 것이다. 이는 출판사와 작가를 연결해주는 크리스토퍼 리틀 에이전시에 전달되었는데 다른 에이전시와는 달리 이곳에서는 조앤의 소설에 관심을 표명하고 블룸즈버리 출판사와의 계약으로 연결시켜준다. 〈해리포터〉를 출판할 출판사를 찾는 일도 쉬운 일은 아니었다. 에이전시에서 열두 곳 출판사에 원고를 보냈지만 모두 거절당한 끝에 소규모였던 블룸즈버리와 계약을 체결하게 된 것이었다. 당시 선인세도 1,500파운밖에 받지 못했고 초판도 500부밖에 찍지 않았지만 그 끝은 우리가 알고 있는 대로 창대했다.

이후 조앤은 하버드대학교에서 명예 문학박사 학위를 받게 되고 졸업식장에서 축사도 할 수 있게 된다. 그녀는 알고 있었다. 그 자리에까지 오를 수 있었던 이유는 억만장자가 된 부자이기 때문도, 베스트셀러를

만들어낸 작가이기 때문도 아니고 바닥까지 떨어졌던 삶의 고통을 성공
으로 이끌어낼 수 있었기 때문이라는 것을. 그리고 그 과정에는 지독한
가난과 싸우며 컴퓨터 대신 타자기를 붙잡고 한 자 한 자 자신의 상상
력을 글로 써내려가야 했던 지난한 시간이 함께 했다는 것을. 그녀가 세
계적인 팬들을 거느릴 수 있게 된 것도 자신의 상황을 비관하고 더 깊은
고통 속으로 들어간 것이 아니라 딸과 함께 세상을 이겨냈다는 데 있다.
이는 아이들에게도, 어른들에게도 진정한 판타지가 되었다.

작가로서 정점에 오르다

블룸즈버리에서 영국판 〈해리포터〉가 나온 후 미국의 여러 출판사에
서 〈해리포터〉 시리즈에 관심을 보이기 시작한다. 아동 출판사인 스
콜라스틱 출판사에서 선인세로 10만 달러를 제안하는 등 그녀의 작품
을 높게 평가해주었다. 초판으로 5만 부를 찍게 된 미국판은 서서히 입
소문을 타며 점점 인기를 얻어가기 시작했다. 이후 〈해리포터〉 시리즈
는 200여 국가에서 출판되어 베스트셀러 목록을 점령했으며 해리포터
는 아이들의 영웅이 된다. 새로운 시리즈가 나오는 날에는 먼저 책을 사
서 보려고 서점 앞에 줄을 서는 진풍경이 연출되기도 한다. 프랑스의 전
대통령 니콜라 사르코지는 "당신의 위대한 작품이 수많은 프랑스 어린
이들에게 책을 읽고 글을 쓰는 기쁨을 선사했다"라며 그녀가 미친 파급
을 인정한다.

　하지만 모든 이들이 〈해리포터〉에 대해 우호적이었던 것은 아니다.
영국의 한 초등학교에서는 성서의 가르침과 맞지 않는다며 학생들의 독

서를 금지시켰고 일부 학부모들이 이를 적극적으로 지지하기도 했다. 또 어떤 부모들은 선과 악의 투쟁이나 죽음, 증오 등을 올바르지 못하게 묘사했다는 이유로 출간금지운동을 벌이기도 한다. 마법을 우호적으로 표현했다는 이유 때문에 기독교와 이슬람교에서는 비난을 했으며 문단에서도 진부한 상상력과 평범한 문체라는 이유로 비판을 받기도 한다. 하지만 이조차도 노이즈 마케팅의 효과를 가져와 〈해리포터〉의 인기를 상승시키는 데 일조했을 뿐이다.

우리가 알고 있던 일반적인 기차역이 사실 마법의 학교로 가기 위한 관문이며, 우리가 청소를 하던 빗자루는 하늘을 날 수 있게 도와주고, 언제든지 우리 몸을 안 보이게 만들어줄 수 있는 것이 마법의 망토라는 소재는 평론가들로부터는 진부한 상상력이라는 평가를 받았을지도 모르겠지만 대중의 간지러운 곳을 살살 긁어주며 〈해리포터〉에 감정 이입할 수 있게 돕는 소중한 장치들이다. 그리고 아이들도 우리 주변에서 볼 수 있는 평범한 물체들이 〈해리포터〉 속에서는 더 이상 일상적이지 않은 것들로 변모하는 모습을 보고 상상력의 꽃을 피울 수 있게 된다.

그녀는 오늘의 작가상, 안데르센 문학상, 미국도서관협회 최우수도서상은 물론이고 프랑스로부터 최고 영예인 레종 도뇌르 슈발리에 훈장을 받기도 했다. 그리고 버킹엄궁에서 찰스 왕세자에게 대영제국훈장을 수여받기도 한다. 2001년에는 〈포브스〉지가 선정한 전 세계 저명인사 100명 중 25위에 링크되기도 했으며, '10억 달러 이상의 세계 최고 부호 클럽'에 가입하는 등 부와 명예를 동시에 거머쥔 여성이 된다. 작가로서 얻을 수 있는 모든 명성을 차지한 것이다.

상상력이 모든 것을 판가름한다

"청소를 하는 일이 그렇게도 신이 나십니까?"

너무나도 신나게 청소를 하고 있는 청소부에게 한 젊은이가 물었다. 젊은이의 질문에 대한 청소부의 대답은 이랬다.

"나는 지금 지구의 한 모퉁이를 청소하고 있다네!"

청소부는 훨씬 큰 시야로 세상을 바라보고 있었고, 그런 까닭에 자신이 하는 일에 대한 자부심을 가질 수도 있었다. 발 밑에 쌓인 먼지만 보았다면 그 청소부는 입을 비쭉 내밀고 더러운 것을 치워야 하는 자신의 신세를 한탄하며 일했을 것이다. 이는 〈프레임〉을 쓴 최인철 교수가 이야기하는 삶을 바라보는 우리의 프레임이 빚어낸 차이를 말한다.

> "무명 시절 나는 실업자에 이혼녀였지만 내 신세를
> 비관하지는 않았습니다. 이야기를 쓰고 있을 때면
> 마음이 저절로 명랑해져서 무일푼인 것도,
> 남편과 헤어진 것도 상관없었지요."

조앤 K. 롤링은 큰 프레임으로 세상을 볼 수 있는 사람이었다. 그녀는 구름이 떠다니는 하늘에서 빗자루를 타고 날아가는 해리포터를 발견했으며, 윌리엄 셰익스피어의 작품 속 조앤의 모습에서 공부벌레인 헤르미온느를 떠올려냈다. 절망 속에서도 상상하고 또 상상하여 지독한 현실을 벗어날 수 있는 자신만의 계기를 만들어냈다.

현재 조앤은 〈해리포터〉 시리즈를 끝낸 후 성인을 위한 소설을 집필

중이라고 한다. 판타지 소설이나 동화를 쓸 것이라는 많은 이들의 예측은 보기 좋게 빗나간 것이다. 사람들은 종종 말한다. 그녀는 가난에서 벗어나기 위해 〈해리포터〉를 써내려갔다고. 하지만 나는 다르게 생각해본다. 세계 최고 부호가 된 후에도 계속 작품을 쓰고 있는 것은 그녀가 갇혀 있는 일상을 굴레 그 자체가 아닌 무궁무진한 상상력의 집합소로 보기 때문인지도 모른다고.

같은 사물이라도 그 사물을 바라보는 시선 자체에 커다란 차이가 있는 것이다. 상상력이 그녀에게 희망을 갖게 했으며, 가난을 벗어날 수 있는 길을 온 힘을 다해 걸어가게 했다. 불평과 불만을 말하는 대신 자기 안의 상상력에 귀를 기울인 조앤 롤링의 긍정적인 자세가 절망에서 벗어나 성공을 향해 노력하는 오늘을 만들어낸 것이다.

천재와 바보는 종이 한 장 차이라는 말이 있다. 버스가 오기를 기다리고 있는 시간, 라면이 다 끓을 때까지 기다리는 시간. 그 시간의 틈을 어떻게 채우느냐에 따라 조앤 K. 롤링과 누군가의 인생은 판가름날 것이다. 이런 자세는 인생의 앞길이 보이지 않을 때 더욱 큰 힘을 발휘할 수도 있다. 조앤 K. 롤링처럼 말이다.

세상이 절망으로 가득 차 보인다면, 노력조차 하지 못할 만큼 인생이 낙담으로 얼룩져 있다면, 그럴 땐 자신만의 상상력을 발휘해보자. 어쩌면 지금 갇혀 있는 절망을 벗어나 노력으로 이룰 수 있는 인생의 새로운 길이 눈앞에 펼쳐질지도 모른다.

절망을 이기는 것은 정신력과 열정이다

자신의 붕대에 나비를 그린 화가

프리다 칼로 (Frida Kahlo)

팔다리가 없는 닉 부이치치는 "어떻게 그렇게 행복하게 사세요?" 라는 질문에 "비록 한 인간으로서는 모자라는 구석이 많지만 닉 부이치치라는 인격체로서는 완전하다는 사실을 깨닫는 순간, 행복으로 통하는 문이 활짝 열렸다"고 대답한다. 그리고 사람이 살아가면서 가장 중요한 것은 자신의 가치를 깨닫는 것이라고 설명한다.

닉 부이치치는 '해표지증'이라는 병을 갖고 태어나는 순간부터 팔, 다리가 없었지만 그는 자신의 장애를 뛰어넘어 온 세상에 감사를 전하는 허그 전도사가 되었다. 우리나라를 방문한 적도 있으며 얼마 전에는 일본계 여성과 결혼을 하여 화제가 되기도 했다.

닉 부이치치는 이야기한다. 어려운 일이 벌어지는 것을 통제할 수는 없지만, 거기에 반응하는 방식은 얼마든지 조절할 수 있노라고.

그리고 여기 또 한 사람, 자신의 한계에 도전하며 꿈을 이루어낸 사람이 있다. 그녀는 멕시코의 국민 화가가 되어 여전히 찬사를 받는 작품 세계를 보여주는 프리다 칼로이다. 그녀와 평생을 함께 한 것은 사고로 인한 고통이었지만, 그림을 향한 열정은 그 모든 것을 극복하여 고통마저도 예술로 승화시켰다.

절망 속에서 희망을 그려내다

고통스러운 인생을 살아야 훌륭한 예술가가 된다는 말에 백프로 동의할 수 없지만 프리다 칼로의 작품을 보고 있노라면 그 말이 어느 정도는 일리가 있다는 생각도 든다. 1907년 7월 6일, 멕시코시티 남서쪽의 교외 도시 코요아칸에서 태어난 프리다는 여섯 살 때 소아마비를 앓으면서 아홉 달이나 병석에 누워 지내야 했으며, 열여덟 살에 겪은 버스 사고로 평생을 불구로 지내게 된다.

'부드럽지만 차가운'이라는 상충되는 두 개의 형용사가 어떤 것인지 실감할 수 없다면 프리다 칼로의 그림을 보면 이해가 된다. 그녀가 천성적으로 갖고 태어난 기질인 활기차고 밝은 분위기와 살면서 후천적으로 겪게 된 고통과 아픔으로 인한 두 개의 상충하는 이미지가 만나 기묘한 분위기를 자아내는 그림을 발견할 수 있는 것이다. 내가 그녀의 작품 중 가장 좋아하는 〈벨벳 드레스를 입은 자화상〉은 프리다 칼로의 초기작으로, 환하게 빛나는 밝은 얼굴과 어두운 배경은 이원성을 드러내며 그녀 작품의 특성을 여실히 보여준다. '부드럽지만 차가운' 분위기는 프리다 칼로가 갖고 있는 키워드다.

인생의 장애물을 극복하고 성공적인 인생을 살아간 사람들에게 대중은 열광한다. 모든 것이 갖춰진 상황에서 성공한 사람보다 드라마틱한 반전이 있고 그들의 성공에 진정으로 기뻐해줄 수 있기 때문이다. 버스 사고가 났을 당시 의사들은 그녀가 살지 못할 것이라 예상했다. 그러나 그녀는 놀라운 생명력으로 상상을 초월하는 고통을 이겨냈으며 나중에는 스스로 걸어 다니고 그림을 그릴 정도로 삶에 대한 의지를 드러냈다. 세 군데의 척추가 골절되고 쇄골 또한 골절되었으며 세 번째와 네 번째 갈비뼈 역시 골절되고 왼쪽 어깨는 탈골된 데다가, 세 군데의 골반 골절, 복부와 질 천공, 오른쪽 다리 열한 군데의 골절, 오른발 탈구 등 온몸이 산산조각 났지만 삶에 대한 왕성한 호기심으로 삶이 곧 예술이 된 생을 살아낸 것이다.

온몸에 붕대를 감고 침대에 누워 글을 쓰거나 그림을 그리는 것 외에는 할 수 있는 게 없던 그녀가 선택한 최종 목적이 그림이었던 건 어찌 보면 당연하다. 그녀는 침대의 지붕 밑면에 거울을 부착시키고 누워서 그릴 수 있는 이젤을 앞에 펴둔 채 거울을 응시하며 그림을 그려나갔다. 눈에 보이는 것은 자기 자신밖에 없었던 탓에 자화상은 평생 그녀 작품 세계의 화두가 된다. 프리다가 그린 자화상들은 자신의 상황에 따라 다양하게 변화된다. 디에고와의 결혼을 직접 그리기도 하고, 그와 이별한 후엔 마음의 아픔을 그림에 담기도 했다. 또 디에고의 다양한 여성 편력으로 인해 고통을 겪을 때에는 화살과 못 등을 이용해 자신의 감정을 화폭에 표현해냈다. 자신의 감정을 숨기지 않고 외부로 돌리는 기운은 자신의 상황을 숨기고 은폐하기보다는 그대로 표현해내는 남미 특유의 소란스럽고 활기찬 기운과 그대로 닮아 있다.

강렬하고 화려한 예술세계의 향연

그녀의 자화상 작품들은 물론이고 남아 있는 그녀의 사진들이나 영화 〈프리다〉에서 보여지는 이미지들은 강렬하고 화려한 색채로 가득하다. 영화 세트에서 보이는 집의 벽면들은 전부 노랑이나 파랑 등 강렬한 색감으로 채워져 있다. 그녀의 머리는 빨간 꽃들로 수놓아져 있고 파랑, 초록, 분홍 등 원색 컬러의 옷을 주저 없이 입는다. 그녀 삶의 가장 큰 배경이 되는 고향 집도 카사 아술, 즉 '푸른 집'이라 불리는 아름다운 저택으로 액운을 쫓아 준다고 알려진 코발트블루와 붉은색, 초록색이 어우러져 그녀에게 활기찬 색감을 알아보는 혜안을 선물해주었다. 열대 나무와 물이 흐르는 분수, 고대 석상들은 이 밝은 색감과 어우러져 이 집에 예술적인 기운을 불어넣어주기도 했다.

또 프리다는 파리에 가건, 뉴욕에 가건 멕시코 전통 의상인 테우아나를 입고 다녔다. 현대 미술관에서 열린 전시회를 위해 뉴욕을 찾았을 때에도 뉴욕과는 동떨어져 보이는 멕시코 전통 의상을 입고 거리를 활보했는데, 이때 뉴욕 거리에서 만난 어린 아이들이 그녀를 뒤따라와 "서커스를 하는 데가 어디에요?"라고 질문했다는 웃지 못할 이야기도 전해진다. 이런 그녀의 의상은 그대로 예술의 소재가 되어 캔버스 위로 고스란히 옮겨졌다. 늘 거울을 옆에 두고 그림을 그렸던 프리다는 수많은 자화상 작품을 남겼는데, 거울을 통해 보이는 자신의 의상을 그대로 옮겨놓아 지금까지도 그녀의 모습을 쉽게 상상해볼 수 있는 매개체가 되어주고 있다.

불편한 다리를 가리기 위해 입었던 긴 치마와 영원함의 상징이라는 땋아 묶은 머리, 머리부터 발끝까지 달려 있는 강렬한 장신구들과 길게 붙어 있는 짙은 눈썹과 붉은 립스틱은 그녀만의 시그니처 스타일로 그녀의 인생 자체가 강렬한 하나의 인상으로 자리매김하는 데 기여하고 있다. 이런 그녀의 과한 패션이 우스꽝스럽지 않았던 이유는 그녀의 당당함과 예술을 향한 열정 덕분이었다.

교통사고가 나고 집에 있는 침대에 누워서 온종일 시간을 보낼 때에도 그녀는 몸에 감겨 있는 하얀 석고 보호대에 나비 그림을 그려서 아름답게 장식하곤 했다. 심지어 버스 사고를 당한 그 현장에서는 금분을 가지고 있던 옆자리 손님에 의해 상처 난 몸 위로 온통 금분이 뿌려지는 예술적인 장면이 연출되기도 한다. 그녀와 화려한 색채와의 인연은 태어날 때부터 한몸이었던 것이고 그녀의 삶 구석구석을 지배했고 그녀의 화풍은 자신의 현실 세계와 어우러져 여전히 하나의 강렬한 이미지로 박제되어 있다.

사랑도 최선을 다해 열정적으로!

또 한 명의 멕시코 국민 화가 디에고 리베라와의 로맨스는 그녀의 삶을 지탱해주는 유일한 장치였다. 프리다의 가족들마저 '코끼리와 비둘기'의 결혼이라고 비꼬았을 만큼 외적으로는 어울리지 않는 조합이었지만 그들은 평생을 다해 사랑한다. 물론 주변의 모든 여성들을 사랑했던 디에고 덕분에 프리다가 그에게 느끼는 감정은 사랑과 더불어 증오와 고통, 갈망이자 짐이긴 했지만 그녀는 끝없이 그의 사랑을 갈구한다. 그녀는 이런 말로 그와의 관계를 정리하기도 한다.

"사람들은 내게 어떻게 디에고 같은 남자와 사냐고 동정의 시선을 보낸다. 하지만 난 강물이 흘러가는 것을 그대로 받아내는 강둑이 아파하고 있으리라는 생각을 해본 적이 없다."

디에고 리베라는 그녀에게 혁명가로서의 삶과 화가로서의 삶을 살아가는 데 지대한 영향을 끼친다.

프리다는 멕시코시티 중심부에 있던 국립예비학교 의학 분야의 학생이었다. 그녀는 전교생 2,000명 가운데 35명뿐이던 여학생에 들만큼 총명했고 이 안에서 클럽 카추차스를 통해 지성과 삶에 대한 기쁨, 정치적 사상들에 대해 공부하며 멕시코 혁명이 일어나던 시대적 분위기 속에서 근대를 맞이하기 위한 자질을 익히며 성장할 수 있었다. 물론 1925년 사고가 나는 동시에 학교를 그만둘 수밖에 없었고, 미술에 문외한이던 이 소녀는 자신의 본성에 의지해 그림을 그려나갈 수밖에 없었다.

디에고와의 만남은 그림이 촉매제가 되어주었다. 미술 교육을 제대로 받은 적이 없기에 자신에게 미술적 재능이 있는지 정확하게 평가해줄 사람이 필요했던 것이다. 당시 디아스의 실권으로 인해 프리다의 가족들은 경제적 어려움에 처해 있었고, 언제까지고 방 안에 누워 돈도 되지 않는 그림을 그리고 있을 수는 없었기 때문이다. 하지만 프리다의 친구였던 사진 작가 티나 모도티를 통해 디에고를 알게 되고 그녀의 그림을 본 미술계의 거장은 섬세한 얼굴의 소녀로부터 진정한 예술가의 기운을 감지한다.

디에고에게는 이미 거쳐 간 여성들이 있었다. 스페인에서 만난 마리아 쿠티에레스 블란차르드와 파리에서 만난 러시아 여인 안젤리나 벨

로프, 마레브나 보로베프 스테벨스카, 그리고 〈창조〉의 모델이었던 당시의 아내 루페 마린까지. 하지만 그는 프리다와 사랑에 빠졌고 이혼한 후 1929년 결혼에 골인한다. 프리다와의 결혼생활 중에도 그는 끊임없이 다른 여자들과 사랑에 빠진다. 그의 벽화 작업의 모델이 되어주는 여성들과는 늘 동침하고 심지어 그녀의 여동생 크리스티나와도 외도를 한다.

프리다에게도 강렬한 사랑이 찾아오기도 한다. 상대는 스탈린에게 쫓겨 멕시코로 망명을 왔던 트로츠키였다. 스탈린과 대립하던 트로츠키는 터키와 프랑스 등으로 망명 생활을 하지만 리베라에 의해 멕시코로 오게 되어 프리다가 어린 시절 살았던 카사 아술에서 숨어 지내게 된다. 칼로는 열정적이었던 시대의 혁명가 트로츠키에게 강렬하게 매료되며 트로츠키 역시 나이에 비해 어른스럽고 예술적인 프리다에게 자연스럽게 이끌린다. 프리다는 그에게 자신의 자화상을 한 점 선물하기도 하는데, 리베라와의 관계에서 보여지던 어두운 분위기가 아니라 화사하고 밝은 모습에서 후대 사람들은 그녀의 사랑을 읽어내기도 한다. 트로츠키도 아내와 함께 멕시코에 와 있었기 때문인지 얼마 지나지 않아 두 사람은 다른 곳으로 거처를 옮겨가고 그들의 사랑은 자연스럽게 끝이 난다. 그리고 1년 후, 칼로는 뉴욕과 파리로 전시 여행을 떠났고 트로츠키는 3년 후 1940년에 스탈린이 보낸 자객에 의해 암살당한다.

정확한 이유는 알 수 없지만 리베라는 1939년 프리다에게 이혼할 것을 요구한다. 그의 수많은 외도를 지켜보면서도 그의 곁에 머물기를 원했던 그녀였기에 이혼 후 프리다의 삶은 분노와 상실감에 피폐해져 간다. 하지만 그들의 이혼 생활은 그리 길지 않았다. 이혼한 지 1년 후 미국에서 수술을 받고 있던 프리다에게 리베라가 찾아오고 그들은 고향 코요아칸으로 돌아가 안정적인 생활을 다시 시작한다. 물론 남편의 외도는 계속되었지만 더 이상 프리다도 그런 것들을 문제 삼지 않는다. 그의 곁에 있는 것이 평생 소원이라는 한 여성의 바람 때문이었을 것이다. 한편으로는 사고로 무너져가던 육체의 고통이 너무 심해져 프리다로서는 오직 그림 외에는 아무것도 생각할 수 없었기 때문이기도 했다.

나는 내 현실을 그렸을 뿐입니다

프리다 칼로의 작품 세계는 교육 받지 않은 것이기에 그녀만의 느낌이 더욱 강렬하게 묻어난다. 유럽의 일부 예술가들은 그녀의 그림을 초현실주의의 걸작이라고 표현하기도 하지만 그녀 스스로는 자신의 작품이 어느 범주에도 들지 않는다고 생각했다. 국립예비학교에서 의학 분야를 공부했던 덕분인지 그녀의 그림에는 초상화를 비롯하여 인체 해부도나 신체의 장기들이 등장하는 경우가 많다. 또 흙으로 만든 고대 조각상이나 데생용 마네킹으로 쓰이던 백골들이 전깃줄에서 에너지를 공급받는 모습 등은 공상과학소설에 대한 그녀의 관심을 드러내기도 한다.

피 흘리는 신체를 드러내는 것을 두려워하지 않았으며 거미나 곤충, 뱀 같은 징그러운 생명체의 등장도 삶과 죽음의 경계선을 나타내는 그녀의 작품에 자주 등장한다. 파리 전시회에 초대 받아 유럽으로 건너간 프리다는 전쟁의 위협으로 재정적인 면에서 성공하지는 못했지만 이는 화가로서의 입지를 더욱 굳건히 다진 계기가 되었다. 칸딘스키와 피카

소도 그녀의 작품에 경의를 표했으며 언론으로부터도 찬사를 받지만 프리다는 '초현실주의자'라는 명칭 속에 자신을 가두고 싶어하지 않았다. 그녀는 "나는 결코 꿈을 그린 것이 아니다. 나는 내 현실을 그렸다"라고 간단하게 반박한다.

미국과 프랑스에서 명성이 높았던 프리다는 멕시코에서 역시 예술가로 인정받으며 그곳 문화의 중심인물 대열에 합류했다. 크고 작은 전시회에 자신의 작품을 출품했으며 각종 상금과 작품 값을 벌어들이기도 한다. 그녀 인생의 정점이었던 최고의 전시회는 1953년 4월 열린 현대미술갤러리에서의 첫 번째 멕시코 개인전이었다. 그녀의 죽음이 가까워짐을 인지한 미술관 경영인 롤라 알바레스 브라보가 디에고와 상의하여 프리다에게 경의를 보내는 전시회를 기획한 것이다. 손수 초대장을 작성할 만큼 전시회에 열의를 보이긴 했지만 그녀의 병세는 심각해지고 가족들은 그녀가 전시회장을 찾는 것을 만류한다. 하지만 디에고는 그녀를 돕기로 결정하고 침대를 전시장의 중간에 위치시켜 프리다를 그 위로 옮겨준다. 전시회의 주인공은 침대와 함께 전시장을 찾은 것이다. 이 광경에 대중이 열광했음은 말할 것도 없다.

1954년 어느 날, 프리다는 "나 자신과 나를 사랑하는 이들 사이에서, 내가 사랑하는 이들을 위해 살고자 하는 나의 엄청난 의지에 감사한다"라는 강렬한 어조의 일기를 쓴다. 그리고 몇 달 지나 자신이 태어났던 카사 아술에서 세상을 떠난다. 삶이 준 고통을 온몸을 던져 고스란히 이겨낸 그녀는 대륙을 넘나드는 일류 화가가 되었다. 그리고 자기 스스로에게도 부끄럽지 않을 만큼 열정적이고 의지가 넘치는 인생을 살았다. 우리는 여전히 그녀의 스타일과 인생을 알고 있고, 그녀의 작품은 멕시코의 국보로 분류되었다. 굳어진 석고 보정대 안에서도 나비가 되길 꿈꾸었던 소녀. 외부적 환경이 자신의 삶을 통제하지 못하도록 스스로 일어선 그녀는 세기를 뛰어넘는 셀레브리티로 자리하고 있다.

절망을 이기는 것은 정신력과 열정이다

온몸이 산산조각날 만큼 큰 사고가 닥쳤을 때, 대부분의 사람들은 자신에게 일어난 불행을 원망하며 비극으로 인생을 끝낼 것이다. 그렇지만 산산조각 나버린 자신의 육체보다 더 강인한 정신력을 갖고 있다면 자신의 운명을 뛰어넘는 개척자가 될 수 있을 것이다.

프리다 칼로에게는 비극적인 사고였지만 멕시코는 아무리 역사가 흘러도 국민화가로 남을 프리다 칼로를 얻었다. 이는 그녀가 병석에 누워 붕대에 나비를 그릴 의지를 지니지 못했다면 불가능했을 것이다.

그 작은 나비 한 마리가 '나비 효과'를 일으켜 오늘날의 우리에게도 깊은 감동을 안겨주고 있다. 작은 나비 한 마리가 폭풍우를 몰고 올 수 있는 것처럼 말이다. 당신의 미세한 실천도 세상에 큰 파장을 줄 수 있다. 믿고 실행에 옮기도록 하자.

"내 그림은 고통의 메시지를 담고 있습니다."

Chapter 03
타고난 능력을 최고치까지 키워낸
재능의 셀레브리티

죽음까지도 예술적이었던 맨발의 댄서 · **이사도라 던컨**
여러 곳에 눈 돌리기에 인생은 너무 짧다

대통령보다 더 사랑 받은 영부인 · **에바 페론**
욕망과 아름다움은 여자의 무기다

자신만의 스타일로 세계인을 바꾼 디자이너 · **코코 샤넬**
복잡하지 않게 자신만의 것을 표현하라

어린 시절의 꿈을 쫓아 달려나간 동물학자 · **제인 구달**
의지와 확신이 있다면 방법은 따라온다

미니스커트를 발명해낸 가장 현명한 디자인의 창시자 · **메리 퀀트**
관습을 두려워하지 않는 과감함이 새로움의 원동력이다

잠재력이란 선택받은 몇몇에게만 존재하는 능력이 아니라, 우리 모두에게 존재하는 것이다. 그저 그 잠재력을 스스로 찾아내고 그것을 잘 성장시켜 줄 자양분을 지니고 있느냐 없느냐의 차이가 그들과 평범한 이들의 차이를 만들어낼 뿐이다.

그 자양분이란 다양하게 존재한다. 나락까지 떨어진 인생을 되살려낼 강력한 열정일 수도 있고, 자신이 이루고 싶은 꿈을 향한 강렬한 욕망일 수도 있다. 확신에 차 자신은 태어나는 순간부터

예술적이어서 세계적인 댄서가 될 수밖에 없는 운명이었다고 이야기했던 맨발의 댄서 이사도라 던컨은 물론이고 아버지로부터 버림 받고 가난한 농장에서 성장할 수밖에 없었기 때문에 이를 뒤로 하고 성공하고 싶은 열망에 사로잡혔던 아르헨티나의 영부인 에바 페론 또한 자신이 인생

을 통해 해낼 수 있는 최고치까지 도전한 위대한 셀레브리티이다. 또 가 장 단순한 것이 가장 아름답고 영원한 것이란 사실을 여성들에게 알려 준 코코 샤넬과 메리 퀀트 또한 지금까지도 패션을 이야기할 때 절대 빼 놓을 수 없는 디자인계의 바로미터와도 같은 역할을 하고 있다. 여린 외 모와는 상관없이 아프리카로 떠나 침팬지들과 함께 동고동락하며 자신

의 꿈을 이루었던 동물학자 제인 구달도 있다. 자신이 지니고 태어난 능 력은 시대에 상관없이, 사람들의 시선과 상관없이 꿈을 움켜쥔 용감한 그녀들은 자신의 능력을 무한대로 길러낸 재능의 셀레브리티이다.

여러 곳에 눈돌리기에 인생은 너무 짧다

죽음까지도 예술적이었던 맨발의 댄서

이사도라 던컨 (Isadora Duncan)

이사도라 던컨의 인생을 대변하는 키워드 중 '죽음'은 빼놓을 수 없을 것이다. 이 사실은 그녀의 인생이 행복하지만은 않았다는 것을 보여준다. 그녀의 두 아이는 교통사고로 동시에 사망했고, 그녀 또한 스카프가 자동차 바퀴에 끼어 그 자리에서 즉사했다. 예술과 인생의 영감을 중시했던 그녀의 죽음을 두고 많은 이들은 연출된 죽음이었다고 이야기하기도 한다. 그녀가 자신의 자서전 서문에서 밝히고 있듯이 인간은 자기자신에 대한 진실을 쓸 수 있는가 자체가 의문이며 자기 자신도 잘 모르는 자신의 인생을 타인이 정확하게 규정지을 수 있는지도 의문이다. 죽음의 비밀은 밝혀질 수 없겠지만, 중요한 것은 그녀는 이 생을 떠나는 순간까지도 예술가처럼 임했다는 것이다.

"언제부터 춤을 추기 시작했느냐는 질문을 받는다면 나는 이렇게 대답할 것이다. 어머니의 자궁 속에서부터였다고. 그것은 사랑과 미의 여신 아프로디테의 양식인 굴과 샴페인만 먹은 결과였을 것이다."

이는 이사도라 던컨이 자신의 자서전을 통해 밝히고 있는 사실이다. 이사도라 던컨은 어머니의 배 속에 잉태되어 있던 순간부터 예사로운 인물은 아니었다. 그녀의 어머니는 입덧이 너무 심해서 임신 기간 내내 냉동 굴과 차가운 샴페인 외에는 그 어떤 음식도 먹을 수가 없었다고 한다. 굴은 사랑과 미의 여신인 아프로디테의 양식이며 이사도라 던컨은 아프로디테의 별인 금성 아래에서 태어났다. 또 그녀는 바닷가에서 태어났는데 아프로디테 역시 바다에서 태어난 여신이다. 아프로디테의 운명으로 태어난 이 아이는 어떤 음악에든 맞춰서 춤을 출 수 있었고 이 아이가 춤을 추는 광경을 보며 가족과 친구들은 늘 즐거워했다고 한다. 그리고 이 자유로운 춤은 20세기 모던 댄스의 시조가 된다.

신체의 굶주림보다 영적인 굶주림을 두려워했던 여인

영화 〈몽상가들〉을 보면 주인공인 매튜와 이자벨, 테오가 손을 잡고 신나게 루브르 박물관을 질주하는 장면이 나온다. 68혁명의 시기에 자유롭고 순수한 그들의 모습을 대변하는 장면이다. 값을 매기기도 힘들만큼 고귀한 예술품이 가득한 그곳을 아이처럼 뛰어다니는 그들은 그 공간을 마음껏 즐긴다. 그리고 이러한 자유로움은 이사도라 던컨 역시 즐겼던 것이다. 그녀는 루브르 박물관에 있는 그리스 도자기실에서 오랜 시간 머물며 도자기를 보고 연상되는 춤을 만든다. 그리고 이 도자기실에서의 영감은 그녀의 무용 인생에 커다란 영향력을 미친다. 사람들이 도자기실에서 춤을 추는 그녀를 보며 미쳤다고 하기도 하고, 경비원은 그녀에게 의심의 눈초리를 보내기도 하지만 그녀는 신경 쓰지 않는다.

당시 그녀는 돈도 없고 친구도 없었지만 아무것도 원하지 않았다. 루브르 박물관 외에도 튈르리 공원이나 클뤼니 박물관, 카르네 발레 박물관 등 예술적인 영감을 얻을 수 있는 장소를 계속해서 찾아다녔다. 또 그리스에 갔을 때는 보티첼리의 그림 〈봄〉 앞에 앉아 며칠을 보내기도 한다. 이 그림 앞에서도 역시 영감을 받고 춤을 만들어낸다. 이는 비단 예술 작품뿐만이 아니라 구름의 움직임, 흔들리는 나무, 날아가는 새, 구르는 나뭇잎 등 모든 것에서 의미를 찾고 그것을 춤으로 응용해낸다.

"나는 몇 시간씩 가만히 서 있기도 했다. 두 손을 가슴에 모으고 태양의 중심인 심장에 손을 얹는 것이다. 어머니도 마치 몽환상태에 빠진 사람처럼 꼼짝도 안 하고 그렇게 오래 서 있는 나를 보고 걱정을 하셨다. 그러나 나는 탐구하는 것이었다. 그리고 마침내는 모든 움직임의 근원이 되는 샘을 발견한 것이다. 나는 영적 표현의 근원을 추구하는 것이다."

이사도라 던컨에게 중요한 것은 예술적 창조의 원천일 뿐이었다. 이는 돈을 통해서 얻을 수 있는 것이 아니라 자연과 예술품들을 통해 만들어낼 수 있는 것이었다.

"만약 당신이 배가 많이 고프다면 어쩌겠어요?"라는 질문에 이사도라 던컨은 대답한다.

"그 생각이 들지 않도록 춤을 출 거예요."

춤만이 그녀 인생의 모든 것이었다. 실제로 그녀는 파산한 은행장인 아버지를 두고 있었고 아버지가 운영하던 던컨 은행이 파산하자 고객

중 대다수였던 노동자와 하녀들은 그녀의 집을 향해 행진하며 시위를 하기도 한다. 가족들은 늘 굶주렸으며 그녀는 어린 시절부터 이 집 저 집을 다니며 어머니가 손수 짠 빨간 망토와 모자를 팔아야만 하는 운명에 놓여 있었다.

불행인지 다행인지 그녀에게는 경제관념 또한 별로 없었는데 무용을 하며 명성을 얻게 되고 돈을 벌게 되었을 때도 낭비를 일삼아 늘 재정적인 궁핍함으로 허덕여야 했다. 무용을 위해 다른 대륙으로 떠나야 했을 때도 늘 남에게 차비를 구걸해야 하는 상황에 놓여 있기도 했다. 이사도라의 가족 역시 생계를 위한 몸부림을 인생 내내 멈추지 않았지만 언제나 시와 음악을 중시하는 분위기에서 성장한다. 그녀의 어머니는 밤마다 아이들에게 큰 소리로 글을 읽어 주었고 이사도라 던컨은 이때부터 시를 즐기게 되었다. 그녀는 자신에게 진정한 교육은 학교가 아닌 어머니의 발 밑에 있는 양탄자에서 이루어졌다고 말하며 학교 교육은 쓰레기와 같았다고 회상하기도 했다.

열 살에 학교를 그만둔 이사도라는 인적이 드문 숲이나 해변으로 뛰어나가 나체로 춤을 추며 자연과 하나되는 것이 무엇인지 깨닫게 된다. 어릴 때부터 발레를 배웠지만 온전히 자연에 몸을 맡긴 그녀는 정형화된 동작들에 제약을 느꼈고 보다 자유롭게 자신의 무용 세계를 창작해 나간다.

꼭 끼는 토슈즈를 던져버리고 맨발로 무대에 오른 그녀는 훗날 현대 무용의 시초가 된다. 물론 그리스의 여신처럼 몸에 슬쩍 걸친 옷 때문에 너무 과한 노출이라며 비난을 받기도 하고 형식이 없는 춤은 사람들로 하여금 그녀 춤의 뿌리를 의심하게 만들기도 했지만 그녀는 육신이 자연이 된 물아일체 그대로의 춤을 즐겼던 최초의 무용수였다. 미국 순회공연에서는 나체에 가깝게 흘러내린 의상 때문에 매춘부, 천박한 댄서 등으로 언론에 묘사되기도 하는데 그녀는 이에 대해 여성의 자유를 상징하는 일이며 청교도주의의 편협한 관습에서 해방되는 행위라 반박한다.

달밤에 춤을 추는 모습을 목격한 여배우 패트릭 캠벨에 의해 런던 사교계에 데뷔하게 되고 이때부터 무용수로서의 명성을 쌓는다. 나무의 요정처럼 머리를 풀고 얇은 의상을 걸친 채 맨발로 무대에 오른 그녀는 런던, 파리, 베를린 등 가는 곳마다 폭발적인 인기를 얻게 되고 뮌헨에서는 공연이 끝난 후 그녀에게 감명 받은 학생들이 그녀의 마차에서 말을 떼어내고 자신들이 직접 마차를 끌어 호텔까지 배웅하기도 했다.

이사도라는 흐르는 듯한 인체의 곡선을 최우선의 기준으로 두고 니체 사상에서 영향을 받아 인간의 영혼을 가장 자유롭게 표현하여 종교의 경지에 오르는 고도의 무용을 보여주는 데 가치를 두고 살았다. 자아보다 위대한 무언가를 말하는 춤을 추고 싶었던 그녀는 인간 심원에 대해 늘 고민하는 여성이었으며 인생 전부를 걸고 이에 매진했다.

내 인생의 동기는 사랑과 예술이다

"내 인생은 오직 두 개의 동기를 갖고 있다. 사랑과 예술, 이 두 가지다. 이들은 끊임없이 싸운다. 왜냐하면 사랑도, 예술도 나의 전부를 요구하기 때문이다."

모던 댄스의 시초가 되었던 이사도라 던컨에게 무용을 제외한 유일한 고민이 있었다면 이는 바로 사랑이었다. 부모의 이혼을 지켜본 이후 독신주의자가 되었던 그녀였지만 사랑에 있어서는 두려움이 없었다.

그녀는 한때 로댕을 사랑하기도 했다. 로댕의 작품전시회를 본 후로 그의 작품에 깊이 매료되었고 결국 유니베르살리떼 가에 있는 그의 스튜디오를 찾아가서 그를 위해 춤을 춘다. 그녀는 예술과 철학을 사랑했고 자신의 춤에 영향을 주는 것들이라면 무엇이든 잡아먹을 듯이 받아들였다. 자신에게 영감을 줄 수 있는 사랑이라면 그 강도가 더욱 심해졌다. 그렇지만 결혼을 하지 않겠다는 다짐은 여전히 유효했다.

이사도라는 평소 흠모하던 여배우 엘렌 테리의 아들인 에드워드 고든 크레이그와 사랑에 빠져 딸 디드르를 낳기도 한다. 그녀는 그에 대해 자신의 기질과 맞는 사람을 발견했으며 나의 살과 같은 살을 만났고 나의 피와 같은 피를 만났다고 설명한다. 또 미국의 재력가인 파리스 싱어와 사랑에 빠져 아들 패트릭을 낳는다. 두 번의 사랑 모두 이사도라는 최선을 다해 몰두한다. 하지만 결과는 참담했다. 이 두 아이는 알려진 바대로 이사도라의 인생에 가장 큰 비극으로 남게 되기 때문이다.

어느 봄날, 아이들을 데리고 베르사유 시내로 나갔던 이사도라는 춤 연습에 지루해할 아이들을 위해 먼저 보모와 함께 집으로 돌려보낸다. 폭우가 내리고 있던 그 날, 차는 강둑 아래로 질주해 물 속으로 곤두박질치고 만다. 한 시간 반이 지난 후 차를 건져 올렸을 때 아이들은 보모에게 매달린 채로 숨을 거둔 상태였다. 이 사건 이후 그녀는 유럽에서의 생활을 모두 뒤로 하고 지옥에서 가장 가까운 곳이라 생각되는 소련으로 떠난다. 이사도라를 위한 학교를 만들겠다는 소련 정부의 제안에 그녀는 유럽에서 예술적 이상을 구현하고자 했으나 실패하고 공산주의라는 새로운 체제에 부딪혀 보기로 했던 것이다.

"곧 결혼하게 될 것이다."

이는 소련으로 가기 전 만났던 점쟁이가 이사도라 던컨에게 해주었던 말이다. 이사도라는 이에 대해 코웃음을 치지만 러시아에서 만난 시인 예세닌과 결국 결혼하게 된다. 그녀는 예세닌을 보며 죽은 패트릭을 떠올린다. 패트릭이 성장했다면 분명히 예세닌과 같은 모습이었을 거라 생각하며 그에게 어떠한 상처를 입힐 수도 없다고 생각하여 어머니와 같은 한없는 이해와 염려를 보내준다. 예세닌은 술에 취하면 이사도라를 향해 욕설을 날렸고 호텔 기물을 산산조각 내기도 했지만 이사도라는 그를 떠날 수 없었다. 하지만 러시아의 사람들은 이사도라를 향해 늙고 살이 찐 무용수라 칭하며 그녀가 천재 시인을 망쳤다며 그녀에게 비난의 화살을 돌리기도 했다. 예세닌은 신경쇠약과 알코올 중독, 간질에 시달렸지만 이사도라는 그를 '금발의 천사'라고 칭한다. 그러나 니스에 있던 이사도라는 시카고 〈트리뷴〉지 기자로부터 예세닌이 레닌그라드에서 자살했다는 전화를 받는다. 그의 나이 30살에 불과했을 때였다.

예세닌의 죽음 이후 니스에 머물던 이사도라는 1926년 파리로 돌아갔고 몽마르트에서 러시아 피아니스트 빅토르 세로프와 만나 다시 한번 사랑에 빠진다. 그녀는 그를 '천사'라고 불렀다. 그리고 1927년 9월 14일, 새로 알게 된 남자와 드라이브를 하기 위해 붉은색 긴 스카프를 목에 두르고 오픈형 스포츠카에 올랐던 그녀는 스카프가 자동차 뒷바퀴

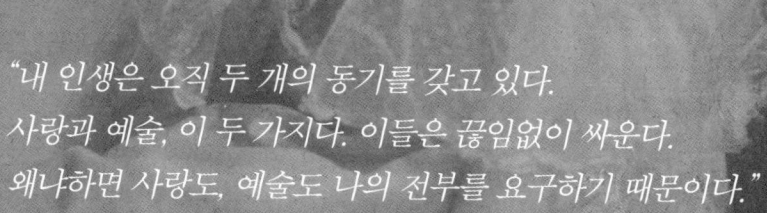

"내 인생은 오직 두 개의 동기를 갖고 있다.
사랑과 예술, 이 두 가지다. 이들은 끊임없이 싸운다.
왜냐하면 사랑도, 예술도 나의 전부를 요구하기 때문이다."

에 감기면서 목이 꺾여 생에 마침표를 찍게 된다. 그때 차에서는 재즈곡 〈Bye Bye Blackbird〉가 흘러나오고 있었다.

여러 곳에 눈 돌리기에 인생은 너무 짧다

배가 고프면 어떻게 하겠냐는 질문에 배가 고프지 않도록 춤을 출 것이라는 이사도라 던컨의 대답은 우리에게 많은 것을 시사한다. 경제관념이 없었기에 명성에 비해 부유한 생활을 하지는 못했지만, 정신적으로 부유하지 않았던 적은 없다. 하늘에 흘러가는 구름에도, 바람에 나부끼는 나뭇잎에서도 그녀는 풍요로움을 느꼈다. 모든 것이 그녀에게는 삶의 영감이며, 인생을 완벽하게 채워주는 요소들이었기 때문이다.

이사도라는 춤과 사랑이라는 인생의 목표를 설정하고 오직 그것만을 위한 인생을 살았다. 심플한 목표 설정과 열정이 그녀를 모던 댄스의 시조가 되도록 만들어주었고, 그녀는 여전히 이 분야에서 흔들리지 않는 권위를 인정받고 있다.

한 분야에서 최고가 되기 위해서는 고도의 집중력이 필요하다. 배고픔을 비롯한 인생의 자질구레한 걱정들은 모두 뒤로하고 말이다. 죽음까지도 춤의 일부와 같았던 이사도라 던컨의 인생은 오직 춤에만 집중되어 있었다. 이사도라 인생의 두 개의 동기 중 하나인 예술은 그녀의 인생 전체를 고스란히 요구하는 것이었다.

여러 곳에 눈 돌리기에 인생은 너무 짧다. 이루고자 하는 일이 있을 때 자신의 모든 것을 걸고 달려든다면 불가능이라는 말은 존재하지 않을 것이다. 성공은 꿈꿀 수 있는 자의 것이니 말이다.

욕망과 아름다움은 여자의 무기다

대통령보다 더 사랑 받은 영부인

에바 페론 (Eva Peron)

국민들의 사랑을 받던 여배우 심은하가 한 정치인과의 결혼을 발표하며 연예계 은퇴 소식을 전해왔을 때 그녀를 사랑했던 팬들은 깊은 슬픔에 잠겨야 했다.

우리나라 정서상 정치인의 부인이 대중에게 노출되거나 대외적으로 활발한 활동을 하는 경우는 별로 없기 때문이다. 반면 아르헨티나의 여배우였던 에바 페론은 후안 페론과의 결혼을 발표한 후에도 사람들의 눈에서 사라지기는커녕 아르헨티나를 대변하는 아이콘으로 유럽 전역을 순방하기도 하고 앞장서서 정치적 활동을 하기도 했다.

1919년생인 그녀가 1952년, 젊은 나이에 눈을 감았을 때에는 아르헨티나에서 전 국민적인 애도의 물결이 일었다. 심지어 지금도 그녀의 시골집에서는 종종 그녀의 사진이 걸린 모습을 발견할 수도 있다. 대중 인기 영합주의인 '포퓰리즘(populism)'의 대표적인 정권이라 일컬어지는 페론 정권은 에바 페론이 죽은 이후 사람들로부터 극명하게 엇갈리는 평가를 받기도 하지만 그녀가 살아 있을 때 영부인으로서 받았던 국민들의 지지는 그 어떤 정치인도 쉽게 이루어내지 못한 것임에는 틀림없다.

그녀는 에른스트 폰 포히터스레벤이 말했던 "어떤 공직에 앉게 되더라도 사람들은 의무뿐만 아니라 그 공직에 어울리는 표정도 연구해야 한다"는 정치의 비밀을 알고 있었다. 그녀는 아르헨티나의 영부인이 어떤 모습을 해야 사랑 받을 수 있는지를 정확하게 알고 있는 여성이었다. 그리고 이를 위해 자신의 매력을 십분 활용할 줄 아는 여성이기도 했다.

그녀는 자신의 욕망에 충실한 삶을 살았다. 아르헨티나의 작은 마을인 로스톨도스에서 사생아로 태어난 에바는 태어난 순간부터 가난과 불행을 목도해야 했고 그것으로부터 벗어나기 위해 자신의 매력을 발산하여 사람들의 마음을 훔칠 수밖에 없었다. 가난에서 벗어나기 위한 욕망에 이끌렸고, 그를 위해 자신의 아름다움을 활용한 여인. 자신의 필요에 따라 남성들의 마음을 차례차례 훔쳐 결국 영부인의 자리에까지 오른 여인. 비록 그 삶의 올바름에 대해 논란의 여지는 많지만 오늘날까지도 아르헨티나를 떠올리면 자연스레 따라오는 그녀의 이름은 쉽게 잊혀지지가 않는다.

상경을 꿈꾸던 시골소녀에서 영부인으로

어린 시절, 피아노 과외 수업을 받을 때 〈Don't cry for me, Argentina(아르헨티나여, 울지 마오)〉라는 곡을 처음 알게 되었다. 제목과는 달리 아름다운 선율에 마음을 빼앗겼고 아르헨티나라는 나라를 남몰래 흠모하게 만들기도 했다. 그리고 1996년 〈에비타〉라는 영화가 개봉했을 때 두 시간이 조금 넘는 상영 시간 동안 영화에 흠뻑 빠져들어 에바 페론을 보았던 기억도 있다. 뮤지컬 스타일의 영화라는 신선함과 당대 최고의 배우였던 안토니오 반데라스와 팝의 여신 마돈나가 합세하여 만들어낸 영화 자체가 매력적이기도 했지만 내 마음을 끌어당긴 것은 무엇보다 〈Don't cry for me, Argentina〉라는 곡이었다. 에바 페론이 대중 앞에 서서 이 노래를 부를 때 수많은 사람들이 모여 있는 광장은 침을 삼키는 소리가 들릴 만큼 적막감으로 둘러싸여 있었고 그녀는 손짓 하나로 대중의 열광을 불러일으켰다. 자신과 비슷한 출신의 여자가 영부인의 자리에 오른 모습을 보며 국민들은 희망을 품을 수 있었을 것이다.

세상에 알려진 대로, 에바 페론의 어머니인 후아나 이바르구엔은 농장 주인인 후안 두아르테의 정부였다. 그는 꽤 힘이 있는 남자이긴 했지만 정부인 후아나는 물론이고 그녀와의 사이에서 생긴 다섯 명의 아이에 대해서도 인정하지 않았다. 그들은 그가 눈을 감았을 때에도 장례식장에 들어가지 못한다. 영화 〈에비타〉에서는 후안 두아르테의 장례식장에서 출입을 거부당하는 가족들과 함께 몰래 사람들 틈을 비집고 달려들어가 "이 사람이 내 아버지예요!"라고 외치는 에바의 모습을 보여준다. 비록 사람들에게 무시당하고 아버지에게조차 인정받지 못하는 입장이었지만 그녀는 주저 없이 자신의 권리를 주장한다. 도발적인 이 소녀는 대중잡지를 읽으며 화려한 배우가 되기를 꿈꾸기 시작한다.

15살이 된 어느 날, 그녀는 가출을 결심하고 꿈의 도시인 부에노스 아이레스로 가고자 한다. 영화 〈에비타〉에서는 그녀가 도시로 떠나려는 어거스틴 마갈디의 마음을 훔쳐 그와 함께 기차를 타고 떠나는 모습이 그려진다. 그는 에바에게 인맥과 배경 없이는 아무것도 할 수 없는 곳이 부에노스 아이레스라고 겁을 주지만 그녀는 아랑곳하지 않는다. 그리고 자신의 목적에 따라 남성들을 바꿔가며 차차 그녀의 입지를 만들어내기 시작한다. 에바는 연기력이 뛰어나지는 않았지만 함께 일하는 사람들의 마음을 훔쳐 박수갈채를 받는 배우가 되고 대중에게 점차 이름을 알린다.

1944년 그녀는 그녀의 인생을 180도 바꾸어줄 만한 남성을 만나게 된다. 산후안에서 일어난 지진을 위한 이재민 구호를 위한 기금 모음 파티에서 후안 페론을 만나게 된 것이다. 당시 에바는 연예인의 자격으로 이 자리에 참석했고 노동부 장관이었던 후안 페론은 기금을 모으는 데 앞장서고 있었기에 이곳에 참석했다.

한 번 결혼한 전력이 있던 후안 페론은 독신으로 살고 있었으며 다른 남성들과 마찬가지로 그녀의 아름다움에 마음을 빼앗기고 그녀에게 구애한다. 그녀 또한 마찬가지였다. 차세대 리더로 꼽히고 있던 그가 자신에게 부와 명예를 가져다줄 것임을 예측하고 만난 지 얼마 지나지 않아 두 사람은 함께 살기 시작한다. 하지만 이들에게 시련이 찾아온다. 페론 세력의 반대파들이 정권을 획득하고 그를 구금해버린 것이다. 다른 여성이었다면 단박에 그를 떠났겠지만 에바는 이를 기회로 삼아 국민 성녀로 발돋움할 기회를 얻는다. 그녀는 후안 페론을 위한 석방 운동을 시작하고 대중은 '시골마을의 가난한 농가 출신 소녀'가 하는 말에 귀를 기울인다. 아르헨티나의 빈민과 노동자들은 그녀에게 동질감을 느끼며 후안 페론의 석방을 위해 총파업을 벌인다. 파업 10일 후에 후안 페론은 석방되었고 1945년 그녀와 정식으로 결혼한다. 그리고 1946년 대선에서 승리하여 에바 페론은 영부인의 자리에 오르게 된다.

에바 페론은 여배우로서 인지도가 높은 상태이기는 했지만 차세대 지도자인 후안 페론이 그녀와의 결혼을 발표할 때만 해도 창녀 출신의 비천한 여자와 결혼을 생각하는 후안 페론에 대한 비판 세력도 만만치 않았다. 그러나 1946년 후안 페론이 아르헨티나의 대통령이 된 후 공공사업 확대와 높은 임금 제공, 값싼 쇠고기 가격 등 대중들이 원하는 것을 즉흥적으로 제공하는 방식을 이용하여 인기를 얻게 되자 이에 적극적으로 앞장선 에바 페론의 인기 역시 상승 가도를 달리게 된다. 특히 노동자 계층의 지지는 그들의 정권을 더욱 굳건하게 만들어주었다.

모든 노동자가 가장 사랑했던 영부인, 에바 페론

노동자들의 지지를 받아 대통령이 된 후안 페론은 친노동 정책을 펼쳐 인기를 얻는다. '페론주의'라 일컬어지는 이 정책은 당시 돈도, 일자리도 없던 가난한 사람들에게 희망의 상징처럼 비춰졌다. 페론 정부는 개혁이라는 이름 아래 저소득계층의 임금을 올려주고 복지를 늘리며 부패청산을 위한 개혁 조치를 취하고 노동 단체에도 각종 혜택을 준다. 그리하여 노동자들은 페론 정권을 지지하는 세력으로 확고하게 자리매김한다. 이들은 집권 초기 승승장구하는데 제2차 세계대전으로 세계 식량 수요가 증가된 상태에서 당시 아르헨티나는 농축산물을 수출하며 많은 외

"난 당신들을 사랑합니다.
그리고 당신들도 날 사랑해주었으면 좋겠어요."

화를 벌어들일 수 있었기 때문에 이들의 정치는 탄탄대로였다.

　노동자를 위한 정책에서 에바 페론은 적극적으로 나선다. 그녀는 아르헨티나 전역을 다니며 복지사업과 봉사활동을 벌이며 자신을 '성녀'라 지칭하지만 그들의 바람과는 달리 실제로 빈민층의 삶이 그다지 나아지지는 않았다. 실제로 페론 정권의 시기에 아르헨티나의 경제는 하향곡선을 그린다. 하지만 이 정권의 문제점은 그녀가 죽은 후부터 하나둘씩 드러났기 때문에 살아 있는 동안 그녀는 아르헨티나 국민들의 열렬한 지지를 받으며 살아갔다. 그들 정권이 포퓰리즘에 기초한 사탕발림식 정치였다는 것에 대해서는 훗날까지도 계속해서 지탄받지만 그녀의 대중적인 인기는 점점 높아졌다.

　남편인 후안 페론의 인기를 초월하여 전 국민적인 인기를 얻을 수 있었던 에바 페론의 비결은 무엇일까? 하층민 생활을 경험했던 그녀는 누구보다 하층민의 마음을 잘 알고 있었다. 그녀가 대중에 비치는 이미지는 '자애로운 영부인'이라기보다는 '꿈을 이룬 가난한 소녀'의 이미지였다. 친근하게 다가가 동질감을 일으키는 것이 사람들의 마음을 얻는 좋은 방법임을 알고 있던 그녀는 이런 이미지를 자신의 인기 상승에 적극적으로 활용했다. 그녀의 애칭인 '에비타' 역시 '작은 에바'라는 뜻이다. 힘 있고 호소력 있는 목소리 역시 도움이 되었다. 어려웠던 시절을 이야기하며 미래의 꿈을 외치는 그녀의 목소리에 대중은 빠져들었고, 또 환상에 잠겨들었다. 훌륭한 배우가 되기 위해서는 사람들의 마음을 잘 알아야 한다고 한다. 에바 페론은 자기 안에 있던 배우로서의 자질을 정치에 접목시켰던 것이다.

그러나 행복하던 생활에도 끝은 찾아왔다. 유럽 순방에 남편을 대신하여 올랐던 그녀는 문득 자신의 몸에 이상이 생긴 것을 감지하고 서둘러 자국으로 돌아온다. 검사 결과 척수 백혈병과 자궁암을 앓고 있는 것으로 드러났다. 그 후 9년간의 퍼스트레이디 생활을 끝으로 34세의 나이로 생을 마감한다. 그녀의 죽음에 아르헨티나 전역은 슬픔에 잠기고 그녀를 광적으로 애도한다. 장례 행사는 한 달 동안이나 진행되었다.

당시 그녀의 인기는 1978년 미국 브로드웨이의 거장 앤드류 로이드 웨버가 작곡한 〈Don't cry for me, Argentina〉를 통해 오늘날까지도 영광스럽게 전달되고 있다. 빈민층의 사생아로 태어나 퍼스트레이디의 자리에까지 오른 그녀의 인생은 아르헨티나의 역사와도 함께하고 있어 더욱 의미 있고 흥미롭다. 훗날 복지라는 이름으로 벌이는 무분별한 정부 정책의 확대가 나라의 경제적 상황을 얼마나 몰락시키는지를 알려주는 대표적인 사례로 자주 인용되기도 하며, 군부와 노동자의 대결을 부추기며 사회적 위화감을 조성했던 페론 정권이었지만, 그와는 별개로 에바 페론은 인생 역전의 주인공으로 노동자들의 꿈이 되었다.

욕망과 아름다움은 여자의 무기다

자신의 위치에서 벗어나고자 하는 강렬한 의지와 필요에 따라 사람의 마음을 훔치는 능력은 그것의 윤리적 판단과는 별개로 인생을 개척하고자 했던 빈민층의 소녀에게는 더없이 필요한 것이었다. 아마도 그녀가 긴 인생을 살았다면 독재자의 끝이 그렇듯, 후안 페론과 함께 망명 생활을 하고 지탄을 받기도 했겠지만, 어쩌면 국민들의 추억을 끈질기게 상기시켜 1973년 다시 한 번 대권의 자리에 오른 후안 페론과 함께 퍼스트 레이디의 자리에 다시 한 번 올랐을지도 모를 일이다.

에바 페론은 대중이 원하는 것을 알고 있었고, 그것을 말하는 데 주저함이 없었다. 그리고 그 과정에서 대중 앞에 드러나는 자신의 아름다움을 십분 활용했다. 물론 과거보다 똑똑해지고 정보에 능통해진 현재의 대중에게는 비난 받을 수도 있는 일이지만 그녀는 당시의 노동자 계급에게 꿈과 미래를 보여주며 그들의 옹호를 받는다. 현실적으로 더 나은 삶을 만들어주지는 못했지만 아르헨티나 사람들에게는 그들 편에 서서 그들의 가려운 곳을 긁어주던 퍼스트레이디이자 '누구나 꿈을 이룰 수 있다'는 인생 역전의 표상이기도 했던 것이다.

자신의 처지를 비관하지 않고 이겨내고자 하는 삶의 욕망을 갖고 있던 여인, 자신의 아름다움을 활용할 줄 알았던 여인, 그리고 그만큼 인생의 행운도 함께 거머쥐었던 여인. 만약 에바에게 타고난 미모가 없었다면 어떻게 되었을까? 나는 조심스레 상상해본다. 가난을 벗어나고자 하는 그녀의 욕망은 미모가 아닌 자신의 다른 장점을 찾아내어 그것을 십분 활용하는 길을 찾았을 거라고. 그리고 그것을 적극적으로 활용하여 우리가 알고 있는 오늘날의 에비타를 만들어내고 말았으리라고 말이다.

여자에게는 욕망과 아름다움조차 무기일 수 있다. 만약 자신을 변화시키고자 하는 욕망이 있다면, 자신만이 갖고 있는 장점을 하나하나 떠올려보자. 그리고 그중 하나를 한계까지 갈고 닦아보자. 어쩌면 그것이 미래를 헤쳐나가기 위한 큰 힘이 되어줄지도 모른다.

복잡하지 않게 자신만의 것을 표현하라

자신만의 스타일로 세계인을 바꾼 디자이너

코코 샤넬 (Coco chanel)

과거에는 건강상의 이유와 환경으로부터 자신의 몸을 보호하는 의미로 옷을 입었다면 오늘날 옷을 입는 이유는 훨씬 광범위해졌다. 정숙한 사람이 되기 위해, 섹시한 사람이 되기 위해, 또 각종 자리에 알맞은 스타일을 연출하기 위해 옷을 입는다. 그리고 정치가들은 자신의 정치 성향을 나타내기 위한 방편으로까지 옷을 활용하기도 한다.

'브로치 외교'로 유명한 전 미 국무장관이었던 매들린 올브라이트는 회의에 참석할 때마다 자신의 의견을 브로치에 담아 피력하기도 했다. 고 김대중 대통령 시절에는 햇볕정책을 지지하는 의미로 햇살 문양의 브로치를 착용하기도 했으며 걸프전에서 패배한 이라크의 언론이 그녀를 독사라 칭하자 CNN과의 인터뷰에 뱀 브로치를 차고 나가 그들의 조롱에 당당히 대응하기도 했다. 또 1998년 팔레스타인 수반과 만나는 자리에 벌 브로치를 달아 쏘아주고 싶을 만큼 언짢은 자신의 심정을 브로치로 대변하는 등 브로치를 '제2의 외교관' 자리에 올려놓았다. 남자들의 엉덩이를 걷어차는 것도 개의치 않았던 강인한 정치가 올브라이트는 자신의 여성성을 활용하여 여성만이 할 수 있는 언어의 정치를 곁들인 것이다.

정치에서뿐만 아니라 우리의 삶 속에서도 옷은 많은 이야기를 한다. 소개팅에 임한 상대방의 옷차림을 통해서도 그 사람이 이성을 만나고 싶은 욕구가 얼마나 높은지를 알 수 있으며, 회의석상에 참여한 상대방의 옷을 통해서도 그 일에 임하는 상대의 의중을 어느 정도는 읽을 수 있다. 옷의 의미가 더욱 커진 요즘, 여성들이 가장 고급스러운 아름다움을 표현하기 위해 입고 싶어하는 옷이 있다. 그 어떤 여성도 부드럽고 세련된 여성으로 바꾸어준다는 샤넬이 바로 그 주인공이다.

패션에 스토리를 입힌 디자이너

아이러니한 일이다. "나는 그 누구와도 같지 않다"고 이야기하며 자신만의 스타일을 디자인했던 코코 샤넬은 이 시대 모든 여성들이 갈망하는 스타일을 만들어냈으니 말이다. 여성 패션의 모든 것이 풍성하고 화려했던 시절에 샤넬은 단순하고 군더더기 없는 옷들을 만들어내어 패션을 차별화시켰지만 이제 여성들에게 '샤넬'이라는 브랜드는 신화화 되어 있을 정도다.

결혼한 여성이라면 하나쯤은 갖고 있어야 한다는 샤넬 가방은 물론이고 가장 우아하고 유혹적인 샤넬 No. 5 향수와 그 어떤 여성도 아름답게 만들어준다는 샤넬의 트위드 재킷, 샤넬의 생일을 가방 이름으로 만들어내 모든 여성이 어깨에 걸치고 싶어하는 2.55백 등 인생에서 한번쯤은 누려야 할 호사스러운 럭셔리 브랜드로 자리매김한 샤넬. 럭셔리한 브랜드 중에서도 샤넬이 특히나 사랑 받는 이유는 여성들을 매혹하는 디자인 때문이기도 하겠지만 샤넬이라는 브랜드의 전부라고 할 수 있는 디자이너 가브리엘 샤넬의 스토리 덕분일지도 모른다. 그녀는 단순히 옷 자체로만 이야기한 것이 아니라, 자신의 인생을 걸고 샤넬의 이미지를 만들어냈다. 샤넬의 가방을 걸치고 있으면 나 역시 샤넬과 같은 진취적인 여성이 된 것만 같고, 샤넬이 강조했던 은근한 섹시미를 지닌 여성으로 변신할 수 있을 것 같으니 말이다.

얼마 전 명품 회사를 배경으로 만들어진 드라마에서 주인공이 이런 대사를 내뱉었다.

"우리가 진정한 명품이 되기 위해서는 스토리가 필요해!"

패션 산업이 발달하며 물건을 고급스럽게 만들어내기 위한 기술은 아무리 작은 규모의 브랜드라고 해도 해낼 수 있다. 바야흐로 현대는 스토리텔링의 시대로 접어들었고 샤넬은 다른 브랜드들을 뛰어넘을 수 있는 확실한 스토리를 갖고 있으니 시대 불변의 명품으로 남는 건 당연한 수순이었다.

다른 사람과 무조건 다르게 만드는 여인

샤넬은 신비주의를 매우 중요하게 생각했던 여성이었다. 당시 여성들은 가슴 라인을 전부 드러내 보이고, 허리는 코르셋으로 꽉 조여주어 몸매의 굴곡이 돋보이는 옷만을 입었다. 또 남성을 유혹하기 위해서도 이런 옷을 입어야만 했다.

샤넬이 젊은 시절 일했던 카바레에서도 주인은 늘 샤넬이 좀 더 몸매가 드러나는 옷을 입길 원했지만 샤넬은 그런 점들을 마음에 들어 하지 않았다. 이 점은 오드리 토투가 주연한 영화 〈코코 샤넬〉에서 더욱 극명하게 드러나는데, 다른 여성들과 샤넬의 옷차림은 전혀 다른 분위기를 자아낸다. 어린 시절 어머니와 사별하고 아버지의 손에 의해 수녀들이 운영하는 오바진 고아원에 맡겨진 샤넬은 불우한 유년시절을 보내지만 카바레 카프콩에서 만난 부호 에티엔 발장의 정부가 되면서 프랑스의 상류 사회를 경험하게 된다. 모두 핑크색이나 보라색 등 화려한 색의 드레스를 입을 때 샤넬은 자신이 직접 고른 검정색 천으로 만든 드레스를 입고 무도회에 참석하지만 그 어떤 여성보다 가장 눈에 띄었던 것은 바로 샤넬이었다. 샤넬은 다른 여성들의 옷차림에 대해 "금은방을 털었나 봐요", "머리에 슈크림을 얹었네. 마치 빵집에 온 것 같아요", "코르셋 좀 보세요. 허리가 끊어질 것 같아요"라고 말하며 자신의 조소 어린 시선을 숨기지 않았다.

발장의 집에 머물던 시절에도 샤넬은 직접 옷을 만들었다. 그녀의 마음에 드는 옷은 단 한 벌도 발견할 수 없었기 때문이다. 또 그녀에게 옷을 만들어달라고 부탁하는 발장의 전 애인에게는 마치 고아들이나 입을 법한 검정색 원피스를 선보이기도 한다. 실제로 샤넬이 검정색 옷을 많이 만들어냈던 이유를 실용적 측면보다는 고아원에서 자라던 시절 입던 제복 때문이라고 보는 사람들도 많다. 검정색 원피스를 받아 든 그녀들은 그 순간 어이없어 하지만 파티가 끝나고 난 후 샤넬에게 와서 "남자

8 · 타고난 능력을 최고치까지 키워낸 재능의 셀레브리티

들로부터의 반응이 최고였다"고 환호한다.

그녀의 독특한 스타일 덕분에 훗날 작가 모리스 작스에게 "샤넬은 파리가 이전에 본 적 없는 종류의 여성적 인물이다"라는 평을 듣기도 한다. 모리스 작스는 그녀에 대해 "깡마른 몸매에 숱이 많은 짧은 머리, 이어진 두 눈썹, 미소를 머금은 입이 인상적이었지만 그 무엇보다 눈이 부실 정도로 강렬한 눈빛이 눈길을 사로잡았다"라고 평한다.

자신만의 느낌으로 유행을 선도하다

작은 키와 깡마른 몸매 때문에 당시 유행하던 풍성한 옷이 자신에게는 어울리지 않음을 직감했기 때문인지 샤넬은 미니멀한 옷과 모자를 만들어내고 이 모든 아이템은 여성들의 마음을 유혹한다. 코르셋을 없애고 허리는 있는 모습 그대로 드러내주며 치마가 불편하다면 바지를 입고, 깃털과 챙이 넓은 모자 대신 머리를 햇볕으로부터 보호해주는 정도의 심플한 모자를 만들어낸 것이다.

샤넬은 풍성한 몸매와 화려한 장신구보다는 영리한 말을 통해서 남자의 마음을 훔칠 줄 알았다. 카바레에서 만난 에티엔 발장이 다른 여자 품에 안겨 말을 걸어오자 "따분할 땐 금방 늙어버려요. 지금은 100살이죠"라는 재치 넘치는 말로 그의 호감을 산다. 정부로 있는 여성들은 대개 달콤하고 관능적인 말만 내뱉었기에 이런 샤넬의 모습은 신기하고 독특한 점으로 자리매김한다. 훗날 샤넬과 진정한 사랑을 했던 보이 아서 카펠 역시 이런 샤넬의 면모에 첫눈에 반하고 만다. 그는 세상 물정에 밝았고 석탄을 수출해서 거대한 부를 소유한 사람이었다. 결혼은 시대적 관습이라 생각하는 카펠은 자신의 신분 상승을 위해 영국 귀족의 딸과 결혼했지만 결혼과는 별개로 샤넬과의 연애는 계속 이어나간다. 그는 샤넬이 부호의 정부로만 머무르며 호사스러운 생활을 누리는 것보다는 자신의 사업을 이루려는 야망을 지지해주었던 사람으로 그녀 인생의 전반적인 동조자가 되어준다. 아무도 일하는 사람이 없었던 귀족 사회에서 그 달콤한 맛에 빠지기보다는 자신의 삶을 개척하고 열망했던 샤넬이기에 자신의 브랜드를 만들 수 있었던 것이다.

타인의 시선을 개의치 않는 성격의 샤넬은 시대에 발맞추어 가는 패션이 아니라 자신만의 느낌과 필요로 옷을 만들어낸다. 최고의 실용성이 곧 최고의 스타일이 된 것이다. 무엇과도 바꿀 수 없는 존재가 되려면 늘 달라야 한다고 이야기하던 샤넬은 남들과 다른 여성이 되었고 다른 디자이너들은 표현할 수 없는 스타일을 갖게 되었다. 그리고 자신을 당당하게 표현할 줄 아는 이 명민한 여성의 매력에 많은 남성들은 호감을 표현했지만, 그녀는 평생 독신으로 지내다 눈을 감는다.

이전의 자신조차 뛰어넘다

매력적인 재치와 재능으로 귀족 사회에 머물며 상류층의 남성들만 상대하긴 했지만 그녀를 정부로는 두어도 아내로 맞이하려고 하는 남성은 많지 않았다. 하지만 이는 비단 남성들만의 문제가 아닌, 샤넬 자신의 문제이기도 했다.

유년시절 아버지의 손에 의해 직접 고아원으로 보내진 샤넬은 남성을 혐오할 수밖에 없었다. 고아원에 있는 샤넬을 가끔씩이라도 돌봐줄 친척마저 없었기 때문에 그녀는 함께 지낸 고아들 중에서도 가장 비참한 생활을 하게 된다. 하지만 추위와 굶주림은 생에 대한 의지를 더욱 강렬하게 만들어주었다. 그리고 더는 잃을 것이 없었던 그녀는 무엇이든 시도하고 쟁취해내고야 마는 성격의 소유자가 된다. 또 고아원 시절 직업 교육의 일환으로 배웠던 바느질은 그녀의 인생에 중대한 역할을 하게 되었다.

카바레에서 일을 하면서도 그녀는 늘 파리로 가겠다는 꿈을 꾼다. 파리야말로 그녀의 꿈을 이루어줄 수 있는 장소였기 때문이다. 현재 파리의 패션계는 샤넬이 중심이 되어 이루어지고 있으니 샤넬은 실제로 그 꿈을 이루어냈다.

샹젤리제 거리에 있는 화장품 편집숍 세포라 매장에는 900밀리리터 크기의 특대 샤넬 No. 5가 진열되어 있으며 거리 곳곳에서 하얀색과 검정색으로 물들어진 샤넬 매장을 만나볼 수 있다. 우리는 하얀 동백꽃만 봐도 쉽게 샤넬을 떠올릴 수 있다. 이는 비단 프랑스에서만 그치고 있는 것이 아니다. 전 세계적으로 샤넬은 최고급의 명품 브랜드로 각광 받고 있다.

그녀는 입고 싶은 것은 꼭 입고야 마는 성격이었다. 보이 아서 카펠을 따라 해안가에 놀러 갔던 그녀는 어부들이 입고 있던 스트라이프 문양의 티셔츠를 처음으로 보게 되고 발장의 저택으로 돌아와 바로 그 옷을 만들어 입는다. 샤넬을 대표하는 또 하나의 아이템이 바로 스트라이프 티셔츠이니 그녀는 삶에서 만나는 독특한 것들에서 영감을 받아 바로 자신의 것으로 소화해내는 능력이 있었다. 속옷의 원단으로 쓰이던 저지 소재를 여성복에 응용하기도 하고, 장례식장에서나 입던 검정색을 일상복으로 만들어냈으며 승마복을 여성들을 위한 바지로 만들어내는 등 바로 곁에 있던 수많은 소재들을 이용하여 자신만의 스타일을 완성시켰다. 이는 그녀가 남들과 다른 것을 두려워하지 않는 성격과 사소한 것에서도 많은 것들을 발견해낼 수 있는 심미안을 갖고 있었기 때문에 가능한 일이었다. 그리고 자신의 삶을 바꾸려는 의지가 늘 그녀의 내면에서 들끓고 있었기 때문에 그녀는 한순간도 방심하지 않고 늘 반짝이는 눈으로 모든 것을 관찰해내곤 했다.

의문의 '모델의 모자'

얼마 전 "샤넬이 사실 F-7124라는 이름으로 나치의 스파이 노릇을 했다"라는 증언이 담긴 샤넬 관련 저서가 발간되며 세계적인 이슈가 되었다.

샤넬이 나치의 스파이였다는 설은 과거에도 종종 흘러나오곤 했었는데, 이 책에서는 샤넬이 독일군이 프랑스를 점령했을 당시 독일군 장교 한스 귄터 폰 딩크라게와 사랑에 빠져 압베어의 요원이 되었으며, 폰 딩크라게는 히틀러의 오른팔이자 나치 선전장관이던 요제프 괴벨스에게 직보할 정도로 거물이었다고 세밀하게 설명한다. 샤넬은 전쟁 중에도 파리의 초호화 리츠 호텔 7층에 거주하며 경제적 여유를 누렸는데, 이 역시 폰 딩크라게 덕분이었으며 이 호텔에는 괴벨스와 헤르만 괴링 등 나치 수뇌부가 빈번히 드나들었다고 한다.

프랑스를 대표하는 브랜드이기 때문에 이러한 소식은 샤넬을 사랑하는 사람들에게 더욱 충격적이었지만, 정확한 사안은 밝혀지지 않았고 샤넬 역시 생전에 나치의 부역 소문은 절대 아니라고 반박했기 때문에 진실은 그 누구도 알 수 없다. 생전에도 그녀는 '모델의 모자'라는 이름으로 나치의 첩보원 역할을 했다는 소문에 의해 첩자로 몰려 스위스로 쫓겨났다. 결국 그녀의 시신도 프랑스로 돌아오지 못하고 스위스에 묻히게 된다.

신비함을 여성의 가장 강력한 무기라고 생각했던 샤넬은 죽어서도 여전히 풀리지 않는 수수께끼를 우리에게 남겨주고 있다. 그렇지만 무엇보다 중요한 것은 그녀는 자신의 인생을 열정적으로 살아간 인물이었으며 격정적인 사랑을 하기도 했다는 것이다. 여성들에게 많은 유산을 남겨준 그녀는 영원한 '워너비 셀레브리티'로 남아 있다.

"절대 자신에 대해 말해서는 안 돼요.
사람들이 당신에 대해서 추측하게
만들어야 하죠."

복잡하지 않게 자신만의 것을 표현하라

샤넬 브랜드를 이끌고 있는 칼 라거펠트는 얼마 전 미니 블랙 드레스를 대신하여 리틀 블랙 재킷을 소재로 한 사진집을 출간했다.

화려한 프린트와 레이스나 비즈 장식이 대세를 이루고 있는 시즌에 샤넬은 또 한 번 자신들의 고집을 세상에 내놓은 것이다. 아름다운 스타

일을 위해 많은 패션 아이템을 소유하고 있을 필요는 없다고 이야기했던 샤넬의 정신을 이어받아 하나의 아이템으로 다양한 스타일을 연출할 수 있는 것이 바로 블랙 미니 재킷이라는 이야기다.

이 간단한 아이템이 샤넬의 손에서 거듭나며 여성이라면 꼭 갖추고 있어야 할 머스트해브 아이템으로 여겨지게 되었다. 그 옛날 미니 블랙 드레스가 그랬던 것처럼 말이다. 이 프로젝트에는 패션계 명사들인 사라 제시카 파커나 카린 로이펠드, 모나코의 공주 샬롯 카시라기 등이 참여했으며 우리나라에서는 배우 송혜교가 출현하기도 했다.

단순한 것은 가장 아름다울 수 있으며 시대를 초월한 매력을 지닌다. 그 단순함에 다른 이가 흉내 낼 수 없는 독자성이 있다면 더할 나위 없다. 그래서 샤넬은 시간이 흐르며 더 큰 지지를 받는 브랜드로 성장해 갈 수 있는 것이다.

단순해져라. 그리고 그 단순함을 무기로 자신만의 요소를 발휘해보자. 당신에게는 곧바로 '심플하지만 우아한'이라는 대명사가 붙게 될 것이다.

의지와 확신이 있다면 방법은 따라온다

어린 시절의 꿈을 쫓아 달려나간 동물학자

제인 구달(Jane Goodall)

〈정글북〉에 열광하고 타잔을 사랑했던 소녀

"나는 정글의 왕 타잔과 격렬한 사랑에 빠졌고, 그의 애인인 제인에 대해 격렬한 질투심을 느꼈다. 내가 아프리카로 가서 동물들과 함께 살고 그들에 관한 책을 쓰게 한 원동력은 바로 숲에서 타잔과 함께하는 삶에 대한 공상이었다."

아프리카에서 동물들과 함께 살았던 둘리틀 박사의 이야기를 다룬 〈둘리틀 박사〉나 모글리의 모험 이야기가 담긴 키플링의 소설 〈정글북〉에 열광하며 타잔과 사랑에 빠졌던 한 소녀가 있다. 1934년 런던에서 태어난 제인 구달은 어린 시절부터 식물과 동물을 좋아하는 소녀였으며, 이와 관련된 책이라면 밥도 거르면서 읽어 내려가는 독서광이기도 했다.

그녀는 전 세계에 살고 있는 동물에 관한 책들을 닥치는 대로 읽기 시작했다. 학교 공부에는 크게 관심이 없어서 좋아하는 과목에 대한 학업 성적만 좋았을 뿐이었다. 아마 평범한 사고를 하는 부모였다면 학교 생활에 관심이 없고 좋아하는 과목만 공부하는 자녀에게 다른 공부의 즐거움을 알려주기 위해 노력했을 것이다. 하지만 그녀의 부모는 아프리카에서 야생동물에 관한 연구를 하고 싶다는 꿈을 지지해주었다. 학교 친구들이나 선생님들은 제인의 꿈을 야유하고 조롱했지만 그녀의 엄마는 "네가 진실로 그것을 간절히 원하고, 열심히 노력하며, 기회를 붙잡는다면, 그리고 무엇보다 절대로 네 꿈을 포기하지 않는다면, 네게 길이 있을 거야"라는 말로 꿈을 응원해주었다.

대학교에 갈 나이가 되었지만 제인의 집안은 그렇게 부유한 편이 아니었기 때문에 학비를 모두 내면서 학교에 다닐 수는 없었다. 장학금을 받아야만 진학이 가능했지만 제인의 성적은 장학금을 받을 만큼 좋은 편이 아니었다. 대학교 진학을 포기한 제인은 돈을 벌기 위해 독일로 떠나게 된다. 그곳에서 영어를 가르치기로 한 것이다.

그리고 얼마 후 부모님의 권유로 런던으로 돌아가 퀸스 비서학교에 입학하게 된다. 비서가 되면 세계 곳곳으로 여행을 다닐 기회가 더 많아질 것이란 이유에 솔깃했기 때문이다. 이후 병원과 영화사에서 근무하며 세상을 보는 식견을 넓혀나간다.

훗날 이런 경험들은 모두 제인 구달이 아프리카 오지에 나가서도 꿋꿋하게 살아갈 수 있는 밑거름이 되어주었다. 비록 학교에서는 인정 받지 못하는 학생이었지만, 자신의 삶을 스스로 다스려나갈 수 있는 힘을 사회 생활을 통해 체득할 수 있었다. 만약 그녀의 부모가 공부를 못하는 자신의 딸을 채근하고 부끄러워했다면 불가능했을 것이다.

간절히 바라면 꿈은 이루어진다

'만약 당신이 꿈을 갖고 있다면 그 꿈을 가능한 한 많은 이들에게 소문 내라'라는 말이 있다. 소문이 날수록 당신 자신도 그 말에 책임을 지고 싶어하는 의무의식이 생겨나게 되며 주변 사람들도 은연 중에 그 말을 기억하고 있다가 어떤 식으로든 도움을 주는 경우가 생기기 때문이다.

제인 구달의 경우 이 말이 정확하게 일치하는 사람이었다. 그녀는 터무니 없어 보이는 "아프리카에 가서 동물들과 함께 사는 게 내 꿈이야" 라는 말을 공공연하게 하고 다녔으며 그 일은 현실로 이루어졌다. 이는 제인 구달 혼자만의 힘으로 이룬 것은 아니었다.

어느 날 아프리카의 케냐에서 편지 한 통이 날아온다. 제인은 편지를 보는 순간 짜릿한 전율을 느꼈다. 학교 다닐 때 그녀의 친한 친구였던 마리 클로드가 보낸 편지였다. 마리의 부모님은 케냐에 있는 농장을 구입했고 온 가족이 케냐로 터전을 옮겨 살고 있었는데, 어린 시절부터 아프리카에 가는 게 꿈이라고 밝혔던 제인이 떠올라 초대하는 편지를 보낸 것이었다. 제인 구달은 기린과 코끼리 모양의 우표가 붙어 있는 편지에 환호하며 어머니에게 동의를 구했다.

늘 그녀의 선택을 지지해주던 부모님은 당연히 이번에도 친구의 초대를 축하해주었지만 여행 경비가 걱정이었다. 제인은 아프리카로 갈 여비를 마련하기 위해 호텔에서 밤낮으로 일을 하게 되고 심지어 우편 배달을 하는 아르바이트까지 하게 된다. 결국 그녀는 1957년 3월 15일 아프리카로 떠나는 배에 몸을 싣는다.

제인에게는 미래의 꿈을 나눌 수 있는 친구가 있었고 진정으로 마음을 나눈 친구는 제인의 일생일대의 꿈인 아프리카에 가게 하는 결정적인 역할을 해주었다. 이 친구가 없었다면 세계적인 동물학자 제인 구달은 존재하지 않을 것이다.

자신의 꿈에 대한 확신이 있었고, 그 꿈을 꼭 이루고 싶었던 제인 구달은 꿈에 대해 말하는 것을 어려워하지 않았다. 그 강력한 의지가 그녀를 자신이 원하는 미래에 더 가까이 다가갈 수 있도록 만들어준 것이다. 영화배우 소피아 로렌도 이야기했다. "어려운 직업에서 성공하려면 자신을 굳게 믿어야 한다. 이것이 탁월한 재능을 지닌 사람보다 재능은 평범하지만 강한 투지를 가진 사람이 훨씬 더 성공하는 이유이다"라고 말이다. 동물과 관련된 공부를 할 수도 없었고, 공부를 하겠다는 의지도 크지 않았지만 삶 속에서 자신의 꿈을 향한 방법을 모색하던 제인 구달은 강력한 투지와 함께 자신이 꿈꾸던 아프리카에 발을 들여놓을 수 있었다. 이 모든 것이 그녀를 지지해줄 수 있는 사람들을 찾아내고, 그들에게 자신의 꿈을 나누었던 제인 구달이 갖고 온 결과물일 것이다.

꿈과 마음을 나눌 수 있는 지지자를 찾아라. 혼자 꿈꾸는 것보다 꿈에 더 가까이 갈 수 있다.

꿈에 한 발 더 다가서다

케냐 여행 중 제인 구달은 또 한번 인생의 중요한 인연을 만나게 된다. 나이로비의 자연사박물관장인 루이스 리키다. 그는 저명한 고고학자이자 선교사의 아들로 케냐에서 태어나 그들과 같은 문화를 보고 배우며 자란 백인 아프리카인이었다. 제인 구달은 용기를 내어 그에게 비서로 일하고 싶다는 뜻을 내비치고 때마침 새로운 비서를 물색하고 있던 루이스 리키는 그녀를 비서로 받아들인다. 루이스 리키는 훗날 아내 메리 리키와 함께 올두바이 협곡에서 고인류의 화석을 발굴해내 큰 명성을 얻기도 한다. 제인 구달은 루이스 가족의 아프리카 탐사 여행에 동행하기도 하며 아프리카에서의 견문을 넓혀 나간다.

당시 루이스 리키는 침팬지와 고릴라, 오랑우탄 등 인류와 생물학적으로 비슷한 종류의 동물들에 대한 현장 연구가 필요하다는 생각을 하고 있었다. 제인 구달은 루이스의 계획에 가슴이 뛰기 시작했다.

침팬지의 힘이 엄청나게 세서 여자에게는 위험한 연구라는 말은 들리지 않았다. 제인이 이 연구를 직접 해보겠다고 지원하자 루이스는 제인의 동물을 향한 애정과 원시적인 환경에서도 적응할 수 있는 인내심 등을 알고 있었기 때문에 학위 하나 없는 그녀를 위해 후원 단체를 찾게 되고 연구를 위한 모든 준비를 돕게 된다. 사실 이때 루이스 리키는 학계의 비난을 받기도 했다. 비서직으로 일한 경험이 전부인 젊은 여인을 '곰베강 수렵금지구역'으로 들여보낸다는 사실도 그러했지만, 제인의 하얗고 연약해 보이는 얼굴을 보았을 때는 반대 여론이 더욱 심해졌다. 심지어 그녀의 어머니가 제인의 조수로 함께 들어간다고 하는 것은 다른 연구자들에게는 현실성이 없어 보였다. 하지만 비난 섞인 우려는 보기 좋게 빗나가고 말았다. 제인 구달은 10년 넘게 그곳에 머무르며 전 세계가 깜짝 놀랄만한 연구 결과를 보여주었던 것이다.

꿈꾸는 소녀, 침팬지의 권위자가 되다

이제 제인 구달은 전 세계가 알고 있는 동물학자가 되었다. 또 케임브리지대학교에서 동물행동학을 전공으로 박사학위를 취득하기도 한다.

대학에 다닌 적은 없지만 현장에서의 충실한 연구가 낳은 결과였다. 그렇다고 해서 그녀의 일생이 모두 승승장구했던 것은 아니었다. 그녀의 남편인 휴고는 그녀의 명성을 부담스러워했고 이는 부부 불화로 이어져 1974년 둘은 이혼했다. 또 두 번째 남편이었던 데릭 브라이슨은 결혼한 지 5년이 지난 후 갑작스럽게 사망하기도 한다.

하지만 그녀의 침팬지 연구는 계속된다. 곰베가 국립공원으로 지정되었고 침팬지와 개코원숭이 연구소인 '곰베 스트림 연구센터'를 설립했으며, 침팬지의 암컷과 수컷의 교배 등 새로운 연구 결과를 발표하기도 했다. 침팬지들이 잡식성이라는 것과 그들 사이에 우두머리도 존재하며 도구를 이용해 전쟁을 치르기도 한다는 등 침팬지들의 습성을 모두 파헤쳐 나간다. 또 1977년에는 먹이가 풍부한 장소를 확보하기 위해 다른 어미의 새끼를 죽인다는 충격적인 사실도 밝혀낸다. 야생 침팬지들과 함께 탄자니아에서 40년 넘게 생활하며 세계적인 침팬지 권위자가 된 것이다. 또 어린 시절 꿈처럼 침팬지와 관련된 다양한 서적을 집필하며 베스트셀러 작가가 되기도 한다.

제인 구달은 1986년 이후 탄자니아를 떠나 세계 각지를 돌며 동물 보호에 대한 운동을 펼치고 있다. 사실 침팬지의 숫자는 현저히 줄어들고 있다. 20세기 초만 해도 200만 마리에 달했지만 지금은 15만 마리로 심각하게 감소하고 있는 것이다. 이는 모두 인간이 저지른 만행이다. 곰베 지역도 국립공원의 경계선 밖은 황무지로 변했으며 침팬지는 실험용으로 비싼 값에 수출되고 있다. 심지어 침팬지를 애완용으로 기르는 사람들도 있는데, 제인은 이에 대해 심각하게 경고한다. 아기 침팬지는 귀엽고 온순해 보여서 애완용으로 좋을 것 같지만 어른이 되고 나면 사람이 감당할 수 없을 만큼 힘이 세져서 다시 숲으로 돌려보내야 하는데, 야생에서 사는 법을 배우지 못한 침팬지들은 결국 죽을 수밖에 없다는 것이었다.

청소년들과 함께 우리가 살고 있는 지구를 사랑하고 지켜나가는 방법을 연구하는 '뿌리와 새싹' 운동도 탄생했다. 아프리카에서 시작된 이 운동은 얼마 지나지 않아 100여 국가에서 9,000여 단체가 참여하는 거대한 운동이 된다. 강연을 할 때마다 침팬지 소리를 따라 하며 인사하는 그녀는 침팬지를 이해하기 위해서는 그들의 마음이 되어야 한다고 이야기한다. 이해하지 않으면 사랑할 수 없다는 것이다.

2002년 국제연합의 '평화의 메신저'로 임명된 그녀는 지금도 세계 곳곳을 돌아다니며 지구에 사는 모든 생명이 아름답게 살아가기를 꿈꾸고 있다.

제인 구달의 생명 사랑 십계명

1. 우리가 동물 사회의 일원이라는 것을 기뻐하자.
2. 모든 생명을 존중하자.
3. 겸손하게 마음을 열고 동물들에게 배우자.
4. 아이들이 자연을 보호하고 사랑하도록 가르치자.

"우리는 살면서 자연 세계를 존중하고
그 속에서 조화롭게 살아가며,
살아가는 동안 삶의 자취를
너무 깊게 남기지 않도록 해야 합니다."

5. 지혜로운 지구 생명의 지킴이가 되자.

6. 자연의 소리를 소중하게 보존하자.

7. 자연을 상처내지 말고 자연에게 배우자.

8. 우리의 신념에 자신감을 갖자.

9. 동물과 자연을 위해 일하는 사람을 돕자.

10. 우리는 혼자가 아니니 희망을 갖자.

제인 구달, 자연과 하나되는 삶을 전파하다

"3월 2일 오후 3시까지 모자와 데이드레스를 입고 버킹엄궁에 입궁하라."

제인 구달이 스물 한 살이 되었을 때, 제인은 버킹엄궁의 사교계 파티에 참석하게 된다. 제인의 후원자였던 고모부가 여왕에게 간청하는 바람에 생긴 일이었다. 대부분의 소녀들이었다면 자신에게 이런 일이 일어난 것에 대해 열광했을 것이다. 하지만 제인 구달의 반응은 시큰둥했고, 심지어 큰 고민거리이기도 했다. 격식에 맞는 인사법도 몰랐고 사교계에 어울릴 만한 드레스도 한 벌 없었기 때문이다. 그저 파티를 준비할 그 시간에 들판에 나가 동물들과 뛰어놀고, 말을 타고 힘차게 달리고 싶다는 생각만 했을 뿐이다.

예쁜 드레스와 화려한 장신구 대신 아프리카를 꿈꾸고 야생의 세계에서 동물들을 벗삼아 살아가고 싶었던 제인 구달은 여전히 동물과 자연을 위한 인생을 살아가고 있다. 강렬한 의지와 확신이 인류가 미처 알지 못했던 동물 생태계의 세계를 좀 더 알 수 있도록 만들어주었다.

이제 우리나라 연예인들도 동물 보호에 앞장서며 미디어를 이용하여 이 일의 소중함을 이야기한다. 또 PETA(People for the Ethnic Treatment of Animals) 등의 단체를 조직하여 동물과 인간이 함께 어우러져 살아가는 에코 라이프를 실천하는 삶을 주장하기도 한다. 실제로 2011년 세빛 둥둥섬에서 벌어진 Fendi의 패션쇼에는 많은 환경 단체들이 찾아 '피의 향연 모피쇼', 'No Fur', '잔인한 야만 패션, 모피 반대' 등의 구호를 외치며 세빛둥둥섬이 아닌 핏빛둥둥섬이란 비판을 쏟아내기도 했다.

친구의 초대로 아프리카 땅을 밟는 일을 실행에 옮길 수 있었으며, 자신에게 찾아온 기회를 이용하여 루이스 리키라는 또 하나의 인연을 만들어냈고, 그곳에서 자신의 인생 대부분의 시간을 소비하며 세계적인 동물학자가 된 제인 구달. '과연 아프리카에서 살 수 있을까?', '위험한 일이 생기지는 않을까?'라는 의문이 그녀에게 조금이라도 존재했다면 이러한 인생을 살아낼 수 없었을 것이다. 그리고 강력한 의지는 그녀를 세계 최고의 동물학자로 만들어냈다.

"동물들을 관찰하고 그들을 알게 됨으로써 전 세계의 젊은이들이 살아 있는 모든 것들을 존중하는 것을 배우게 된다. 그것을 통해 이해와 동정심과 사랑을 깨닫기 때문이다."

제인 구달의 말처럼 동물과 자연을 통해 인간은 또 하나의 깨달음을 얻을 수 있게 된다. 그리고 환경과 더불어 사는 삶이 큰 이슈가 되고 있는 요즘, 그녀가 말하는 생명 사랑 십계명에 동참한다면 우리의 삶도 자연을 위해 한발자국 더 다가가는 의미 있는 것이 될 것이다.

관습을 두려워하지 않는 과감함이
새로움의 원동력이다

미니스커트를 발명해낸 가장 현명한 디자인의 창시자

메리 퀀트(Mary Quant)

'오늘은 어떤 옷을 입고 어떤 신발을 신지?'라는 인류 불멸의 고민은 과연 언제부터 시작되었을까? 창세기 3장에는 아담과 이브가 선악과를 따먹으며 수치심을 느끼기 시작해 나뭇잎을 엮어 치부를 가리기 시작하면서 인류 의복의 역사가 시작됨을 밝힌다. 의(衣)를 발명한 또 하나의 기록은 약 3만 년 전 구석기 시대로 추정되는 선사시대 동굴벽화에서 찾아볼 수 있으며, 최초로 발견된 직물 자료는 기원전 7,000년경 이스라엘의 나할 헤머 지방 동굴에서 발견되었다.

지금이야 의식주가 인간 생활의 필수적인 아이템으로 여겨지고 있지만 아주 오래 전 인류에게 옷은 하나의 발명품이자 도구였던 것이다. 그리고 패션계에서도 굉장한 발명품으로 여겨지고 있는 미니스커트의 발명은 여성이 발목과 다리를 내보이는 것을 수치스럽게 여기던 우리의 관습적 태도에 엄청난 변화를 가져왔다.

미니스커트로 시대를 바꾸다

1960년대 암흑의 시기, 자랑스런 태도로 길게 뻗은 다리를 내보이며 미니스커트를 입고 대중 앞에 섰던 여인이 있다. 가수 윤복희다. 얼마 전 토크쇼에 나와서 미니스커트를 입었던 이유는 남자친구에게 잘 보이기 위해서였다고 밝힌 그녀는 결혼식에서도 미니스커트 스타일의 웨딩드레스를 입어 우리나라 최초로 미니 웨딩드레스를 선보인 인물이기도 하다. 미니스커트는 이제 여성들에게 없어서는 안 되는 베스트프렌드가 되었지만 한때 사람들에게 여성들의 다리를 훤히 드러내는 이 기묘한 디자인의 옷은 그 어떤 발명품보다 대단한 발명이었다.

이 미니스커트를 전 세계에 유행시킨 장본인은 바로 디자이너 메리 퀸트다. 그녀는 미니멀하고 다정해 보이기도 하고, 유치원생이라도 그릴법한 꽃 무늬를 전면에 내세우고 여성들이 열광할 만한 롤리타 스타일의 옷들로 칙칙했던 1960년대 런던을 화사하게 물들인 장본인이다. 미니스커트 최초의 발명가다 아니다를 두고 설왕설래가 있긴 하지만 그녀가 미니스커트 열풍의 시발점이 되었다는 점은 그 누구도 부인할 수 없다. 그녀는 청년들을 위한 옷이 디자인되지 않아 젊은 사람들도 늙은 이처럼 옷을 입어야 했던 1960년대 영국 유행의 선두주자였다.

1934년 생으로 아직까지도 뱅 스타일의 단발머리와 강렬한 눈매를 갖고 아름다운 디자인을 만들어내는 이 디자이너는 1960년대 미니멀한 원피스로 대변되는 트위기 스타일을 만들어낸 장본인이다. 또한 아름다움은 한껏 드러내야 의미 있는 일이라 이야기하기도 하는 그녀는 21세기 당당한 여성성을 만들어낸 최초의 발명가이기도 할 것이다.

발명이란 거창한 것이 아니다. 우리가 생활하며 불편하다고 느끼는 것을 고치는 게 진정한 발명이다. 컴퓨터를 부팅해야만 확인할 수 있었던 이메일도 핸드폰으로 그 위치를 옮겨왔으며 다리를 거추장스럽게 감싸던 롱스커트를 잘라내어 미니스커트가 되었을 뿐이다. 지금 불편하다고 느껴지는 것이 있다면 조금만 바꿔보자. 메리 퀀트 못지 않은 세기의 발명가로 이름을 남길 수 있을 것이다.

패션계의 중심이 된 미니멀리즘의 선구자

'신사의 나라'에서 태어난 메리 퀀트는 추적추적 비가 내리는 어두운 날씨를 목격하며 자랐고 젊은이들을 위한 문화가 없어 따분함을 느끼던 중 자신들만의 특별한 문화를 만들어내기로 한다. 물론 이 일은 메리 퀀트 혼자서 해낸 것이 아니다. 비틀즈는 대중문화계에 혁명을 일으켰고 앤디 워홀 또한 레디메이드와 실크스크린으로 예술계에 혁명을 일으켰다. 이 시기에는 미니멀리즘이 대두되고 있었는데 이에 발맞추어 그녀는 짧고 단순화된 옷, 소재를 그대로 살리는 옷, 컬러풀한 단색 등을 활용하여 자신의 스타일을 만들어낸다. "나는 입어서 즐거운 의복을 만들고 싶었다"는 메리 퀀트의 말처럼 입고 싶고, 입어서 즐거운 옷들이 대중 앞에 선보여지기 시작한 것이다.

미니스커트라는 호칭은 영국의 국민차였던 미니에서 비롯된 것으로 1959년 처음 시판된 이 소형차를 보고 영감을 받아 미니스커트를 디자인하게 되었다고 한다. 브랜드의 로고는 물론이고 헤어스타일마저 간결한 이 디자이너는 미니멀리즘이라는 시대 분위기를 타고 자신만의 왕국

을 만들기 시작한다. 사회적으로 얽매여 있던 분위기를 깨고 자유분방한 컬러와 디자인을 원했으며 스타킹이나 리본 등의 소품도 과감하게 사용하여 훗날까지도 크게 영향을 미친 디자이너로 남아 있다. 이러한 공로로 1966년에는 엘리자베스 여왕으로부터 외화 획득의 공로로 비틀즈와 함께 제4등 영국훈장을 받기도 한다. 훈장을 받는 순간 역시 훈장을 받게 만든 주인공인 미니스커트를 입고 당당하게 등장하여 또 한 번 이목이 집중되기도 했다.

골드스미스 예술학교에서 일러스트레이션을 전공한 그녀는 1955년 런던 첼시 킹스로드에 첫 번째 부티크인 BAZAAR 숍을 오픈한다. 이곳이 미니스커트를 유행시킨 최초의 장소가 된다. 이는 혼자서만 이루어낸 일이 아니었는데, 그녀는 미니스커트를 입었던 패션모델 트위기와 사진작가 데이비드 베일리, 헤어 디자이너 비달 사순과 함께 1960년대 패션계의 중심에 서서 자신들의 문화를 만들어내게 된다.

그녀는 2004년 AFP 통신과의 인터뷰에서 이런 이야기를 했다.

"세상은 늘 힘든 것이다. 많은 일들이 벌어지고 있기 때문에 항상 새로운 출발의 또 다른 시점을 맞게 된다. 이는 새로운 삶을 맛보기 위해

"세상은 늘 힘들다.
많은 일들이 벌어지고 있기 때문에
항상 새로운 출발의 또 다른 시점을 맞게 된다.
이는 새로운 삶을 맛보기 위해서다.
그런 즐거움을 찾으려는 일이 바로 디자인이다."

서다. 그런 즐거움을 찾으려는 일이 바로 디자인이다."

늘 새로움을 갈망하던 그녀는 미니스커트와 함께 색색의 무늬가 있는 스타킹을 창조했고 물에 지워지지 않는 방수 마스카라도 만들어냈다. 패션은 물론이고 뷰티 쪽에도 지대한 관심이 있었기에 뱅 스타일, 비대칭의 헤어스타일과 두꺼운 아이라인, 인위적인 눈초리도 만들어내어 여성 뷰티 업계까지 주도한다. 1963년 그녀의 스타일을 미국에 수출한 후에는 화장품 회사를 창설하기도 했으며 1986년에는 화장법에 대한 책도 출간하기에 이른다. 자신의 머릿속에 들어 있는 아이디어는 모조리 꺼내놓아 세상의 빛을 맛볼 수 있게 만드는 것이 그녀의 저력이었다. "아이디어를 머릿속에만 담고 있지 말 것!"이라 늘 강조했던 메리 퀀트의 지침대로 떠오르는 아이디어들을 모두 결과물로 만들어내어 세상의 빛을 볼 수 있도록 활용한다.

관습을 두려워하지 않는 변화의 아이콘이 되다

그녀는 빅토리아 시대 여성들의 속바지를 겉으로 꺼내어 외출복으로 디자인하기도 했으며 아동복에서 영감을 받아 성인의 옷을 만들어내기도 한다. 또 러플 장식이 된 귀여운 원피스도 그녀에 의해 롤리타 스타일의 하나로 유행하게 되며 저지 소재로 된 간편한 티셔츠 드레스는 젊은층의 지지를 받게 된다.

그녀가 해냈던 일이라면 전통적인 낡은 관습이나 약속을 깨는 것을 두려워하지 않았다는 것이며 옷의 본질을 파악한 후 자유분방한 디자인으로 재창조해냈다는 것이다. 벌룬 스타일의 원피스와 체크무늬를 믹스

매치 시키는 등 오늘날까지도 패션계의 유행이 되고 있는 인기 아이템들의 창조자가 되었다. 모드와 첼시룩이 전부였던 그 시절에 말이다.

아이디어를 생각만 하고 있고 겉으로 꺼내지 못하면 시기적절한 아이디어가 못 되거나 진부한 것이 되어버린다는 가치관을 갖고 있는 그녀는 일단 무엇이든 쏟아놓고 본다고 한다. 인간은 놀랄 만큼 발명을 잘하고 창의적이라 믿고, 과학기술은 물론이고 의복 또한 나날이 발전해 갈 것이라 기대하며 여전히 젊은이들을 위한 옷을 디자인하고 있다. 여성들에게 가장 매력적인 신체 포인트가 다리 곡선과 엉덩이 라인이라는 것을 알아챈 이 작은 관심이 시대를 압도하는 의상들을 만들어낸 원동력이 된 것이다.

그녀는 자신의 자서전에서 옷이 바뀌자 아티스트 사회가 바뀌기 시작했고, 사진이 변했고, 영화가 변했고, 모든 게 변했다고 표현한다. 서로 부추겨주고 치열하게 밀고 나가며 문화 자체도 변했다고 이야기한다. 버스를 잡으러 뛰어갈 수도, 춤을 출 수도, 움직일 수도 없었던 옷을 입고 있던 시절에는 생각할 수 없었던 일이다.

삶에서 만나게 되는 작고 소소한 발견들이 당신의 인생 전체를 바꿀수 있다는 것을 몸소 보여준 디자이너 메리 퀀트. 일흔이 넘은 나이에도 여전히 생기발랄한 눈빛을 띠고 세상을 향한 호기심을 보내고 있는 그녀의 인생 원동력은 그칠 줄 모르고 있다.

삶을 좀 더 즐겁게 살아가기 위해 디자인을 한다는 그녀의 말처럼 과감하게 당신에게 주어진 인생을 즐겨보라. 관습에 얽매이지 않는 삶을 산다면 박수를 받을 수 있는 창조력을 보여줄 수 있을 것이다.

Chapter 04

절망을 힘으로 삼은
의지의 셀레브리티

전 세계를 적으로 돌린 아티스트 · **오노 요코**
자신의 삶을 확신하는 자가 혁명가이다

연인보다는 예술가로 기억되는 · **카미유 클로델**
뮤즈가 없다면 자신을 뮤즈로 만들어라

인생의 모든 비극을 노래한 20세기 최고의 가수 · **에디트 피아프**
사랑은 모든 것을 이겨낸다

삶 전체가 고통이었던 스타일 아이콘 · **에디 세즈윅**
삶의 고통이 예술의 원동력이다

휴렛패커드의 첫 여성 최고경영자 · **칼리 피오리나**
한계를 정하지 말고, 당신이 원하는 삶을 살아가라

 우리는 살면서 누구나 절망스러운 상황에 처하게 된다. 물론 그 강도의 차이는 있겠지만. 인생을 잘 살아낼 수 있는 능력은 이 절망적인 상황을 어떻게 이겨내느냐에 따라 달라진다. 셀레브리티

가 된 인물들이라고 해서 인생에 절망적인 순간  이 없었던 것은 아니다. 그들 모두 크고 작은 절 망의 상황에 처해질 수밖에 없었고 그 상황들을 지혜롭게 이겨내며 역 사에 이름을 남길 수 있는 인물로 성장했다. 여자들이 직업을 갖기도 어

 려웠던 시대에 남성들의 나체를 보며 작업할 수밖에 없는 조각가의 길 을 걸었던 예술가 카미유 클로델은 집안의 극심한 반대는 물론이고 로 댕과의 스캔들로 시대의 손가락질을 받을 수밖에 없었다. 창녀촌에서 유년시절을 보낼 수밖에 없었으며 실명의 위기까지 겪었던 에디트 피아

프 또한 세계적인 가수가 되기 위한 수많은 절망들을 이겨냈다. 또 정신적 고통에 휩싸였던 에디 세즈윅이나 비틀즈의 해체로 전 세계인들의 비난을 받았던 예술가 오노 요코에게도 삶을 포기할 수밖에 없었던 순간에 희망을 발견해내는 능력이 존재했다. 남성들이 주도권을 잡고 있던 대기업에서 첫 여성 최고경영자가 되며 자신의 능력을 인정 받았던

 칼리 피오리나에게서 우리는 한계를 정하지 않는 삶의 미덕을 배울 수 있다. 지금 절망적인 상황에 처해 있고 꿈을 가로막는 장애물들에 좌절해 있다면 절망을 힘으로 삼은 의지의 셀레브리티들을 통해 삶의 용기를 얻어보도록 하자.

자신의 삶을 확신하는 자가 혁명가이다

전 세계를 적으로 돌린 아티스트

오노 요코 (Ono Yoko)

최근 대중의 열렬한 지지를 받는 '무리'가 생겨났는데, 바로 소셜
테이너다. 사회를 뜻하는 단어 소사이어티(society)와 연예인을 가리키
는 엔터테이너(entertainer)를 합쳐 만든 단어로 사회 이슈와 관련된 자
신의 의견을 밝히거나 직접 사안에 참여하는 연예인들을 일컫는다.

노래를 하고, 연기를 하며 대중의 인기를 얻는 것에 그치지 않고 자
신의 유명세를 활용하여 대중이 긍정적인 사고를 할 수 있도록 힘을 불
어넣어주는 것이다. 우리나라의 대표적 소셜테이너로는 동물 보호 운
동과 자연 보호를 외치는 이효리나 독도 수호 운동과 각종 자선 활동
을 벌이는 김장훈, 봉사의 삶을 자연스럽게 전하고 있는 차인표 등을 들
수 있다.

오노 요코 또한 사회 참여 의지를 불태운 예술가였다. 하지만 우리가
상상하는 소셜테이너와는 달리 그녀의 삶은 비난과 고난으로 점철된 삶

이었다. 그녀가 평생 받았던 것은 유명세라기보다는 악명이었다. 한때 마녀라 불렀던 여인, 예술가라기보다는 '희대의 악녀'라는 수식어가 더 자주 붙었던 여인, 그러면서도 자신의 삶을 긍정하고 "그래요, 저는 마녀입니다"라고 말하며 세상을 변화시키기 위해 전 세계를 향해 소리친 여인. 그러나 그녀에 대해 이야기하기 전에 우리는 먼저 그녀만큼이나 유명했던 존 레논의 이야기를 먼저 시작해야 한다.

모두가 그녀를 마녀라고 불렀다

새로운 것을 창조해내는 아티스트들에게 창조의 근원이 되는 뮤즈란 꼭 필요한 존재였던 모양이다. 이들에게는 창조의 갈증을 더욱 증폭시켜줄 뮤즈가, 악몽 같은 삶의 권태를 이겨내게 할 만한 뮤즈가 필요했다. 뮤즈란 원래 제우스가 기억의 여신인 므네모시네와 동침하여 낳은 칼리오페를 비롯한 아홉 명의 자매로, 올림포스 신전에서 아폴론을 도와 음악을 연주하는 등 세상의 예술을 담당하게 된 여신들을 뜻한다. 아폴론에게도 도움을 줄 사람은 필요했던 것이다.

　서로가 뮤즈와 아티스트의 역할을 주고받았던 커플은 수없이 많다. 니체, 프로이트, 라이너 마리아 릴케 등 뭇 남성을 바꾸어가며 창조의 원동력이 되어주었던 루 살로메나 살바도르 달리의 꿈꾸던 여인이었던 갈라 달리 등을 비롯하여 말이다. 때로는 뮤즈와 아티스트들의 역할을 번갈아가며 맡기도 하는데, 오노 요코와 존 레논의 관계가 딱 그러했다. 오노 요코와 존 레논은 처음 만난 순간 서로가 서로에게 뮤즈이자 아티스트가 되어줄 존재라는 것을 알아보았다. 이들의 예감은 틀리지 않았다.

오노 요코의 지적 도발은 팝스타였던 존 레논의 막강한 뮤즈가 되어주었고, 존 레논 또한 오노 요코의 창조의 조력자가 되어주었다. 그러나 이들의 앞길은 생각만큼 순탄하지는 않았다.

'비틀즈'라는 전설적인 그룹의 멤버였던 존 레논과 전위 예술가라지만 사실상 대중에게는 거의 무명인사인데다가 나이 많은 이혼녀였던 오노 요코의 결혼은 결과적으로 팬들의 비난을 단숨에 불러왔다. "유명해지기 위해 레논을 꼬드긴 마녀"라는 게 대중의 보편적인 평이었다. 비틀즈 멤버들 사이에서도 오노는 그리 호의적인 평을 이끌어내지 못했는데, 폴 매카트니는 "요코를 만나고 존 레논은 비틀즈에 흥미를 잃었다"라고 말하기도 했다. 결국 비틀즈가 해체되자 그녀는 '비틀즈 해체의 주범'이라는 오명과 함께 영국, 아니 전 세계를 적으로 돌려야 했다. 그리고 훗날 뉴욕의 아파트로 귀가하다 팬이었던 마크 데이비드 채프먼에 의해 존 레논이 살해당할 때까지 오노 요코는 그녀의 예술세계를 제대로 평가 받기는 고사하고, 비틀즈의 멤버를 포함한 시대와 싸워나가야 했다.

하지만 존 레논이 죽고 나자 이때까지 그녀를 마녀라고 손가락질하고 욕하던 사람들이 이번에는 그녀를 향해 동정의 눈빛을 보내기 시작한다. 존 레논의 죽음과 함께 팬들의 원한이 모두 사라져버린 것일까? 존 레논이 죽은 지 1년 후, 오노 요코는 인터뷰에서 이렇게 이야기한다.

"정말 우스꽝스러운 태도가 아닌가요? 나는 지금도 같은 사람이에요. 존이 가면서 내게 당신네들의 사랑을 대신 선사한 것 같아요. 하지만 증오를 받더라도 남편이 있는 편이 낫겠어요. 세상의 이해를 받을 수 없다 해도 남편을 돌려받고 싶어요. 그건 정말 재미있는 일이었으니까요."

〈Season of Glass〉 LP판 표지에는 창 앞에 놓인 물컵과 둥그런 안경이 보인다. 존 레논이 살아 있을 때 창을 내다볼 때의 장면을 그대로 재현해놓은 이 표지는 존 레논의 팬들도 그가 보던 것과 똑같은 광경을 볼수 있도록 한 오노 요코의 배려였다. 앨범에 들어 있는 곡에도 존 레논을 애도하기 위한 그녀의 마음이 담겨 있다. 자신들의 모든 것을, 심지어 죽음까지도 자신의 작품 활동으로 승화시키고 자신을 향해 손가락질하던 사람들까지도 있는 그대로 받아들였던 오노 요코 삶의 한 단면을 보여주는 듯하다.

반전과 저항의 아이콘, 오노 요코

그녀의 삶을 짧게 표현하자면 '저항과 외침'이라는 말로 줄일 수 있을 것이다. 보수적인 가정에서 태어나 전쟁의 폐허 속에서 자라나, 예술가가된 이후에는 기존의 예술가들과, 결혼한 후에는 세상의 모든 사람들과각을 세우며 당차게 살아온 그녀였지만 그 저항과 외침의 이면에는 "그래도 나는 틀리지 않았어"라는 강한 확신이 들어 있었을 것이다.

삶의 초반부를 보면 오노 요코는 마치 평온하고 안락한 삶을 살아갈것처럼만 보였다. 어머니인 오노 이소코는 야스다 그룹의 창립자인 야스다 젠지로의 손녀였으며 아버지 오노 에이스케는 일본 왕가의 후손이었다. 은행가 집이었기에 풍족하고도 평화로웠다. 아버지가 샌프란시스코로 발령을 받았기에 오노 요코 역시 1937년 가족과 함께 미국으로 이사를 갔고, 유년시절을 미국에서 보낸 후 다시 전근을 하게 된 아버지를 따라 일본으로 돌아와 도쿄의 가쿠슈인 학원을 졸업한다. 그러나 전쟁이라는 그림자는 가해자인 일본 사람들에게도 적지 않은 그림자를 드리우고 만다.

도쿄 대공습 기간이 되자 요코의 가족은 아자부에 있던 지인의 집으로 피신했으며, 대폭격이 끝난 후에는 나가노 인근에 있는 가루이자와로 피난을 떠난다. 이 시절 오노 요코는 극심한 가난을 경험하는데, 손수레를 직접 끌고 다니며 음식을 구걸하며 하루하루를 연명해나가야 했다. 오노 요코의 아버지는 인도차이나의 사이공에서 전쟁 포로가 되기도 한다. 아픈 경험이었지만, 훗날 오노 요코는 이 시절 겪었던 경험이 그녀의 작품들을 '반전'으로 향하게 하는 초석을 마련했으며 자신에게 적극성과 아웃사이더의 처지를 이해하는 눈을 선사해주었다고 밝히기도 한다.

전쟁이 끝난 후, 오노 요코는 다시 학업을 이어가게 되어 가쿠슈인대학교의 철학과에 입학하지만 적성에 맞지 않다고 판단하고 자퇴하게 된다. 그리고 미국으로 건너가 사라 로렌스대학교에 입학한다. 이곳에서 그녀는 예술가, 시인들과 어울려 자신의 예술 세계를 구축하기 시작한다. 그리고 그녀에게 많은 영향을 준 예술가 라 몬테 영과 만나 그의 도움으로 예술가로서의 경력을 쌓아나가는 한편 공연장에서 공연도 시작할 수 있게 되었다.

그녀가 미국에 있던 시절 미국은 플럭서스 운동 붐이 일고 있었다. 플럭서스는 '변화', '움직임'이라는 뜻으로 삶과 예술의 조화라는 기치를 내걸고 음악과 시각예술, 무대예술 등 다양한 예술 형식을 융합한 통합적인 예술 개념을 탄생시켰으며 행위예술이나 포스트모더니즘 등 현대 예술 사조를 탄생시키고 예술 운동에 직접적인 영향을 끼치기도 한다. 이때부터 미키마우스와 비틀즈 같은 것들이 미술관 안으로 들어오게 된다. 고흐의 해바라기 들판과 몬드리안의 구성주의 회화는 한물간 것이 되어버렸고 텔레비전, 코카콜라, 토마토 주스 등 일상용품이 하룻밤 사이에 유화나 조각의 대상이 되었다. 오노 요코의 작품 역시 플럭서스 운동의 창시자인 조지 마시우너스로부터 열렬한 찬사를 받게 된다.

클래식 음악이 늘 켜져 있는 집안에서 보수적인 교육을 받고 자란 그녀였지만, 음악가가 되길 바라는 부모의 기대와는 달리 무대 위에서 알몸을 내보이는 것을 두려워하지 않을 만큼 강렬한 모습을 선보인다. 1964년 도쿄의 소게츠 아트 센터에서 공연된 〈Cut Pieces〉에서는 여성의 신체가 굴종과 학대를 당하는 과정에서 어떻게 대상으로 전락하는지를 보여주며 관중의 요구에 따라 알몸이 될 때까지 옷을 잘라내는 파격적인 모습을 선보인다. 런던의 트라팔가 광장에서는 넬슨이 프랑스 함대를 물리친 것을 기념해 세운 전승기념비를 흰 천으로 감싼 도발적인 작품인 〈포장 이벤트〉(1967)를 선보이며 미국의 베트남 전쟁이 한참이던 시절에 과거의 전쟁과 현재의 전쟁에 복종하지 말라는 양심의 표현을 보여주기도 했으며, 엉덩이를 끊임없이 보여주는 영화 〈궁둥이〉(1967)를 통해 오 분 동안 배우 열두 명의 움직이는 맨살 엉덩이를 보여주기도 한다. 평상시 옷으로 가려져 있는 신체의 부위를 내보이며 움직이는 엉덩이 외에는 아무것도 볼 수 없는 화면을 통해 관객들은 일종의 자기 고백을 하게 된다.

"너의 엉덩이를 깨달아라. 너 자신을 깨달아라."

인간의 뒷면을 조명한 이 엉덩이 작품은 명백히 플럭서스의 계보를
잇는 것이었다.

운명의 연인, 존 레논과 만나다

이렇듯 다양한 활동을 하면서 오노 요코는 두 번의 결혼을 한다. 1956년
가난한 작곡가인 이치야나기 토시와 결혼해 7년 후 이혼했고, 같은 해
재즈 음악가이자 영화 제작자인 안소니 콕스와 결혼했지만 이치야나기
토기와의 이혼에 대한 법적 처리를 무시하여 이들의 결혼은 무효 처리
가 되고 만다. 법적인 문제를 해결한 후 1963년 6월 다시 결혼하여 딸인
교코가 태어나지만, 훗날 이 둘이 이혼한 후 딸의 양육권을 놓고 오랜
기간 법적 다툼을 벌이게 된다. 존 레논이 전시회를 찾았다가 오노 요코
의 작품을 보게 된 때가 바로 이 시기였다. 훗날 존 레논은 그녀와의 첫
만남에 대해 이렇게 회상한다.

"공식적인 개장 전날 전시장 안으로 들어갔을 때 200파운드짜리 사과
가 하나 있었고, 아주 마음에 들었습니다. 그리고 작품의 주인에 대한 나
의 판단을 최종적으로 결정한 또 하나의 작품이 있었는데 천장에 걸려
있는 그림까지 사다리를 타고 올라가야 하는 작품이었어요. 올라가보니
거기에 'Yes'라는 글자가 있었습니다."

드디어 존 레논과 오노 요코가 만난 것이다. 예술이라는 매개체를 중
심에 두고 말이다. 서로가 만나는 데 있어서는 오노 요코가 레논보다 더
적극적이었다(그리고 이는 팬들의 비난이 더욱 더 그녀에게 쏠리게 하는
원인이 되기도 했다). 그러나 팬들의 아우성과는 상관없이 존은 점점 더

그녀에게 빠져든다.

"내가 태어난 이유는 단 하나, 당신을 만나기 위해서였습니다. 그리고 내가 어른이 된 이유 역시 단 하나, 당신을 아내로 만나기 위해서였지요."

훗날 존 레논은 자신의 삶을 단 한 줄로 요약하며 이렇게 적곤 했다.

"1940년 10월 태어남. 1966년 오노 요코를 만남."

그러나 이들의 만남은 우리가 이미 알고 있듯, 수많은 팬들의 질시와 비난에 시달려야만 했던 고난의 시작이기도 했다. 한편 이들의 만남은 서로가 뮤즈와 뮤즈로서 예술가이자 사회운동가로서 그릇을 키워나가는 계기가 된 사건이기도 했다. 만약 오노 요코가 존 레논에게 다가가지 않았다면 우리는 세기의 예술가 커플을 볼 수 없었을 것이다. 오노 요코가 대중의 관심을 받고 특유의 여성성을 지니게 된 것도 존 레논을 빼놓고는 이야기할 수 없다. 오노 요코가 한 시대의 예술가로 풍미하기 위해서는 그녀에게 적절한 파트너가 필요했고, 세계의 문화를 바꾼 비틀즈의 멤버는 그녀에게 더없이 적절한 짝이었다. 좋은 파트너를 만났을 때 얼마만큼의 시너지 효과를 가져올 수 있는지를 극단적으로 보여주는 커플의 모습이다.

예술로 세계평화를 외치다

오노 요코는 2007년 2월 〈Yes, I'm Witch〉라는 제목의 새로운 앨범을 발매한다.

"그래요, 저는 마녀입니다."

마치 그녀의 전 생애를 담는 듯한 이 한 문장은 그녀가 자신의 인생을 있는 그대로 받아들이고 있음을 보여준다.

존 레논과 오노 요코의 관계에서 주도권을 잡고 있는 사람은 오노 요코였다. 존 레논은 일찍 어머니를 여의고 아버지에게마저 버림 받고 이모의 집에서 성장했기 때문에 정상적인 남녀 관계에서 남성이 맡게 되는 역할을 쉽게 받아들일 수 없었다. 그보다 일곱 살이 많기도 했지만 오노 요코는 그에게 어머니 대신이었고 허약하거나 주저하는 모습을 보이는 일은 없었기 때문에 그녀의 진취적인 모습에 도취되어 존 레논은 비로소 안식을 찾을 수 있게 된 것이다. 그녀는 존 레논과 결혼하며 많은 비난을 받아야 했다. '요코는 세계인이 가장 싫어하는 인물', '요코, 비틀즈는 그녀를 경멸한다', '그녀가 비틀즈의 멤버를 훔쳤다'는 등 당시 영국 신문의 헤드라인을 보면 그녀가 존 레논을 택함으로써 감당해야 할 시련이 꽤나 거대했음을 알 수 있다. 설상가상으로, 오노 요코와 존 레논이 마리화나를 소지하고 있다는 혐의로 체포되어 경찰들에게 둘러싸인 사진이 공개되자 여론은 점점 더 걷잡을 수 없이 나빠졌다.

하지만 이들은 세상의 잣대와 상관없이 자신들의 예술 세계를 계속해서 구축해 나간다. 두 사람이 알몸으로 표지에 등장한 앨범인 〈두 동정녀〉는 오노와 존이 순진무구한 처녀의 순수함으로 함께 새로운 인생을 시작했다는 의미를 보여준다. 그리고 〈베드 피스〉 퍼포먼스에서 두 사람은 정숙하게 옷을 차려 입고 침대에 누워 기자들의 끝도 없는 질문에 대답을 한다. 그들은 성적 행위 없이 기자들에게 평화의 메시지를 전달했고 이는 전 세계적인 호응을 얻게 된다. 이들은 세계 평화를 한걸음

진척시키기 위해 노력했으며 사랑과 평화의 마음을 사람들에게 전달하고 싶어했다. 또 1969년에는 'War is over. If you want it(당신이 원한다면 전쟁은 종식된다)'라고 쓴 플랜카드를 전 세계 주요 도시에 붙여 놓고 길을 걷는 모든 사람들이 이 문구를 볼 수 있도록 만들기도 한다.

이 두 사람은 '플라스틱 오노 밴드'를 조직하고 〈평화에게 기회를〉이라는 노래를 발표하며 평화와 반전을 원하는 운동을 펼쳐나간다. 오노 요코는 한 잡지와의 인터뷰에서 "여성은 세상의 검둥이"라는 말을 하며 이 말을 노래로 만들어 부르기도 한다. 이 노래는 여성 운동의 찬가이자 여성들에게는 해방의 노래가 되기도 한다. 이들은 부부 생활을 하면서도 남녀 성 역할의 고정관념을 깨기도 했다. 오노는 사업을 했고 레논은 집에서 아들인 션을 돌보며 식사를 준비했다. 그들이 생각하는 여성 해방은 남녀 중 어느 한쪽이 특권을 부여 받는 것이 아니라 다른 한쪽이 불이익을 당하는 일이 없어지는 동등한 권리를 이루는 것이었다.

오노 요코는 가난함을 즐기는 타입의 예술가는 아니었다. 오노 요코가 사업에 뛰어들며 그들의 재산은 엄청나게 불어났다. 그녀는 재산을 늘려나가는 일에 관심이 많았는데 집이 빌 때마다 구매에 나서 다섯 채의 집을 사들이는 데 성공하기도 한다. 1970년대 말 존 레논의 재산은 1억 5,000만 달러로 추정되었고, 심지어 2억 5,000만 달러에 달한다는 소문도 있었다. 하지만 이런 상황에서도 오노 요코는 계속해서 비난을 받아야 했다. 이번에도 역시 그녀가 남편의 재산을 불리는 데 급급한 탐욕스러운 마녀라는 내용이었다.

1933년생인 그녀는 존 레논이 죽은 후에도 계속해서 자신만의 예술

세계를 구축해 나가고 있다. 그러면서 차츰 언론은 물론이고 일반인들도 그녀의 작품을 선입견 없이 긍정적인 시선으로 바라봐주기 시작했다. 하지만 오노 요코가 현대 미술사에서 어울리는 제자리를 찾기까지 30년이라는 시간이 걸렸다. 물론 아직까지도 '오노 요코'라는 이름이 나오기만 하면 욕을 해대는 사람들도 존재한다. 하지만 그녀가 원했던 대로 오노 요코는 플럭서스 사조와는 별개로 하나의 독립된 예술가로 인정받게 되었으며 그녀가 존 레논과 함께 추구했던 평화와 사랑의 메시지 또한 사람들에게 감동을 주게 되었다. 자신의 인생 전체를 예술로 만들어버린 여인. 마녀라는 비난마저 자신의 것으로 흡수해버린 여인. 권력에 도전하는 퍼포먼스를 두려워하지 않았던 이 여인은 어쩌면 또 한 번 30년이 흐르고 나면 존 레논의 그늘을 벗어나 한 명의 독자적인 이름의 예술가로 우뚝 서 있게 될지도 모르겠다.

세상을 변화시킨 혁명가이자 예술가

우리가 인생에서 온전히 나 하나만을 생각하고 내리는 결정이 있을 수 있을까? 옷을 살 때에도 남들에게 비치는 내 모습이 어떨지 걱정하고 점심 메뉴를 고를 때에도 함께 먹는 사람들의 취향을 고려해야 한다. 또 직업을 고를 때에도, 결혼 상대자를 택할 때에도 사회의 눈치를 보게 되는 경우가 생긴다. 이는 우리가 비난과 비평을 감당하기에는 너무나도 약한 존재이기 때문이다.

당연히 사람들은 칭찬을 받고 싶어 하고 칭찬을 잘 해주는 사람들과 가까이 지내고 싶어 한다. 모든 비난을 감수하고서라도 원하는 것을 이

"정말 우스꽝스러운 태도가 아닌가요?
지금의 나는 과거의 나와
전혀 다르지 않은데 말이죠."

야기할 수 있는 사람을 우리는 혁명가 혹은 개혁자라고 부른다. 그리고 그런 사람들의 이면을 찾아보면 그 속에는 언제나 세상에 아랑곳하지 않는 거대한 자기 긍정이, 자신의 삶에 대한 강한 확신이 숨어 있다.

"내 삶은 틀리지 않았으니 나는 노래하련다."

그런 의미에서 나는 오노 요코를 혁명가라 부른다.

세계적인 영웅이었던 남자를 자신의 배우자로 선택하고, 그 남자를 집 안에 있게 한 이 여성은 엄청난 비난의 화살을 맞아야 했지만 자신의 선택에 확신을 갖고 있었다. 그리고 그와 함께 자신이 하고 싶어하는 이야기를 멈추지 않고 계속해나갔다. 한 번뿐인 인생을 자신의 것, 자신의 선택으로 가득 채운 것이다. 만약 당신이 삶과 적당히 타협하여 살고 싶다면 남들이 꾸는 꿈을 자신의 꿈이라고 착각하며 계속 살아가라. 사람들의 비난이 두렵다면 하루하루를 눈치 보며 남들의 기호에 맞는 삶을 살아도 좋다. 하지만 진정 멋진 삶은 자신이 확신하는 자신만의 길을 꿋꿋이 걸어갔던 오노 요코의 삶이 아닐까?

반전과 평화를 외친 그녀의 삶은 세상과 타협하지 않는 삶이었지만 끝내 그녀의 외침은 세상의 변화를 이끌어냈다. 그녀는 결혼조차도 자신의 선택을 믿었고, 오늘날 우리는 그들을 '세기의 커플'이라 부르는 데 주저하지 않는다. 적당히 타협된 삶을 벗어난 그녀는 지금 시대가 기억하는 예술가이기도 하다. 삶의 작은 선택들이, 그리고 자신의 선택을 긍정하고 세상을 향해 하고 싶은 이야기를 소리칠 수 있었던 그녀의 용기가 이런 결말을 가져온 것이다.

뮤즈가 없다면 자신을 뮤즈로 만들어라

연인보다는 예술가로 기억되는 조각가

카미유 클로델 (Camille Claudel)

언론인을 꿈꾸며 저널리즘을 공부하던 시절, 나는 크리스마스 트리의 전구만큼이나 자주 잡지책에 나타나 반짝거리는 '뮤즈'라는 단어를 이해할 수 없었다. 작가나 화가에게 영감을 주는 대상이라는 뜻을 갖고 있는 뮤즈는 내가 보기에는 단순히 친한 사이, 그 이상의 것은 아니었기 때문이다. 할리우드 여배우들에게 붙는 최고의 찬사인 '칼 라거펠트의 뮤즈' 등의 단어가 허무맹랑하고 포장만 그럴듯하게 해놓은 단어라는 생각이 계속해서 내 머릿속을 맴돌았다. 그래서 '로댕의 뮤즈'라는 수식어가 자주 붙는 카미유 클로델에 대해서도 탐탁지 않게 생각하는 면이 있었다. 그저 로댕의 애인이었을 뿐인데 예술적인 느낌을 더하기 위해 '뮤즈'라는 단어가 동원된 것 같은 그런 못마땅함 말이다.

그러나 이 '뮤즈'라는 단어는 내가 문화 콘텐츠를 생산해내고 글을 쓰기 시작하면서부터 창작을 하는 사람들에게는 꼭 필요한 것이라는 사실을 깨닫게 되었다. 물론 넓은 의미로 보자면 이 세상 모든 것이 나의 '뮤즈'가 되겠지만 특별히 영감을 받게 되는 대상이나 늘 창조적인 생각을 해내게끔 도와주는 대상들은 존재하기 때문이다. 상상력을 배가시켜주는 뮤즈가 있다는 것은 창작을 하는 사람들에게는 큰 수확이고, 반드시 찾아내야 하는 것인지도 모르겠다.

뮤즈는 현대에 생겨난 개념은 아니다. 역사에서도 갖가지 뮤즈의 모습을 엿볼 수 있는데, 그 대표적인 예가 오달리스크다. 오달리스크는 길게 늘어진 척추와 좁은 어깨, 커다란 골반과 작은 발로 묘사되는 여인으로 터키 황제 술탄의 잔시중을 드는 여성 노예를 지칭하는 말이었다. 이들은 많은 화가들의 모델이 되어주기도 했으며 예술가에게 영감을 주어 그들의 뮤즈로 존재하게 된다. 실제로 '오달리스크'라는 이름이 붙은 미술작품을 다양하게 접할 수 있는 것도 이 때문이다. 새로운 미의 기준에 부합되었던 이들은 예술가들의 호기심을 불러일으키며 명백한 뮤즈로 분류된 최초의 여성들일 수 있다.

사람들은 흔히 카미유 클로델을 세기의 조각가 로댕의 뮤즈로만 생각한다. 하지만 그녀는 자신이 로댕의 뮤즈가 되어주는 것에서 벗어나 로댕이 자신의 뮤즈가 되어줄 것을 바라지만 이에 실패하고 나자 자기 자신을 뮤즈로 삼으며 조각에 집중하는 인생을 산 여인이었다. 물론 자기 자신의 뮤즈가 되어주는 것도 쉽지는 않았다. 여성 예술가들에게 많은 것을 허용하지 않았던 시대에 로댕의 그늘을 벗어나 홀로 오롯이 존재할 수 있는 것은 당시의 클로델에게는 너무나도 버거운 일이었다.

연인이면서 악마이기도 한 로댕을 만나다

파리 바렌느 가에 위치한 로댕 박물관은 오귀스트 로댕이 거주하던 자택 겸 작업실을 미술관으로 변환시켜 그의 대작들을 자연스럽게 전시해놓은 공간이다. 루브르나 오르세와 규모 면에서 비교할 수는 없지만 로댕이라는 작가 개인이 주는 감동 때문에 관광객들의 발길이 끊이지 않는 곳이기도 하다. 〈생각하는 사람〉은 물론이고 〈지옥의 문〉과 〈발자크〉, 〈신의 손〉 등 로댕의 대작들을 관람할 수 있는 이곳은 1730년 페랑드 모라라는 돈 많은 기업가에 의해 건축되었는데 그 후 마티스, 이사도라 던컨, 마리아 릴케 등 예술가들이 거쳐가며 대가를 낳는 공간이 되었고 로댕은 이곳을 임대하여 조각 작업을 하며 다른 예술가들과의 사교의 장으로 사용했다. 나무가 많고 고즈넉한 이 공간을 바라보며 '악마'라는 단어를 떠올릴 사람은 별로 없을 것이다. 하지만 한때 그의 연인이었던 카미유는 그를 향해 악마라고 소리치는 인생의 후반부를 살게 된다.

근대 조각의 시조로 일컬어지는 로댕은 14세 때부터 국립공예실기학교에 입학하여 조각가로서의 기초를 닦았다. 카미유는 그녀의 아버지 루이 프로스퍼 클로델이 노잔 쉴 세느로 전근을 가게 되면서 가족들과 함께 이곳에서 3년을 지내게 되는데, 이 지역 숲 속에 있던 괴물 같이 생긴 '제엥'이라는 바위에 매료되어 숲에 있는 흙을 반죽하여 조각을 시작하게 된다. 그러던 중 15세에 조각가인 알프레드 부쉐를 만나 조각에 대한 조언을 받게 되고 가족들의 반대에도 불구하고 그의 소개로 아카데미 콜라로시에서 조각가 수업을 받게 된다. 카미유는 이곳에서 만나게 된 여성 예술가들과 노트르담 데 샹에 공동 작업실을 마련했다. 이때 알프레도 부쉐가 정기적으로 작업실을 찾아와 이런저런 조언들을 해주게 된다. 훗날 알프레드 부쉐가 이탈리아에 가면서 로댕에게 자신의 제자들을 맡아줄 것을 부탁했고, 이 때문에 카미유와 로댕이 만나게 된다. 카미유 클로델이 19살, 로댕이 43살이었을 때다.

카미유의 재능을 알아본 로댕은 그녀를 자신의 작업실로 불러 조수로 쓰게 된다. 조각은 만지고 싶은 욕구에서 출발한다고 하던가? 그는 만지고 싶은 욕구를 젊은 여성들을 통해 해결했고, 카미유는 젊은 여성 모델의 몸을 만지고 있는 로댕을 발견하고 큰 충격을 받기도 한다. 그 충격도 잠시, 두 사람은 함께 작업을 하며 서로에게 영감을 주고받는 존재로 발전하고 서로가 서로의 모델이 되기도 했다. 또 24살의 나이를 극복하고 연인이 되기도 한다. 카미유 클로델은 〈사쿤탈라〉를 통해, 로댕은 〈입맞춤〉과 〈영원한 우상〉, 〈사색〉 등을 통해 자신들의 마음을 표현하기도 했다. 하지만 두 사람의 사랑이 그리 오래 가지는 못했는데 로댕은 자신과 30년간 동거한 여자 로즈 뵈레를 선택하고 카미유의 곁을 떠나게 된다.

로댕을 벗어나기 위해 몸부림쳤던 미완성의 삶

로댕을 진심으로 사랑했던 카미유는 로댕을 벗어나기 위해 조각에 몰두하여 최고의 작품들을 만들어내지만 평단은 그녀의 작품을 단순히 "로댕이 보인다"고만 평했을 뿐이었다. 반면 당시 로댕은 〈지옥의 문〉, 〈생각하는 사람〉, 〈칼레의 시민〉 등을 통해 승승장구하고 있었고 조각가로서의 입지를 더욱 넓혀가며 풍족한 삶을 살고 있었다.

카미유에게는 그녀가 태어나기 전에 죽은 오빠가 한 명 있었는데, 그가 죽고 나자 부모는 이 죽은 아들을 기리는 의미에서 여동생인 카미유에게 여성의 것도, 남성의 것도 아닌 '클로델'이라는 중성적인 이름을 붙여주었으며, 그녀의 엄마는 평생 그녀를 못마땅해했다. 이렇듯 어머니의 사랑을 받고 자라지 못한 그녀가 처음으로 사랑하는 상대인 로댕을 만나게 되었고, 그에게 버림받고 나자 그 충격은 다른 사람들보다 훨씬 큰 고통으로 다가왔을 것이다. 결국 그녀는 가족들에 의해 정신병원에 수용되고, 30년간 병원 밖으로 나오지 못했다. 이런 자신의 상황에 절망한 그녀는 평생토록 로댕을 원망하고, 급기야 그가 자신을 죽이려 한다고 루머를 퍼뜨리며 그를 악마라고 저주한다.

시인이자 외교관이었던 그녀의 남동생 폴 클로델은 후에 그녀의 인생에 대해 "실패가 그녀의 삶을 망가뜨렸다"고 평가한다. 하지만 우리는 알고 있다. 그녀의 인생은 실패한 인생이 아니라, 미완성된 작품세계일 뿐이었고, 그녀는 고통 받았던 고독한 인간일 뿐이라고 말이다.

편견과도, 예술과도 홀로 싸우다

대부분의 여성이 직업을 가질 수 없던 시대에 카미유가 조각가가 될 수 있었던 것은 본인의 강렬한 의지가 아니고서는 불가능한 일이었다. 이는 아무리 알프레드 부쉐가 그녀의 재능을 알아보았다 해도 어쩔 수 없는 일이었다. 카미유는 조각가가 되어 여자가 나체 조각을 한다는 것에 대한 편견과도 맞서 싸워야만 했다. 이는 로댕의 그늘 아래 있던 시절에 비해 그가 떠나고 난 후에 더욱 심해졌는데, 조각가로서 명성을 날리고 국가의 주문을 받으며 예술가의 길을 걸었던 그와는 반대로 당시의 여성 조각가가 받을 수밖에 없는 서러움을 카미유는 홀로 오롯이 견디며 생활해야 했다. 그럼에도 불구하고 카미유는 자신이 믿고 있는 것을 포기할 수 없는 강한 신념의 소유자였기 때문에 그 생활을 이어나간다.

로댕과의 스캔들도 그녀의 삶을 더욱 고립시킬 수밖에 없었다. 그녀를 응원해줄 수 있는 사람은 아무도 없었기 때문이다. 이자벨 아자니 주연의 영화 〈카미유 클로델〉에서 카미유의 재능을 의심하는 가족들에 둘러쌓인 그녀에게 아버지가 "네 장래는 네 것이다. 너의 성질이 급한 것은 열정적이기 때문이다"라고 그녀를 옹호해주는 장면이 나오지만, 그런 아버지조차 로댕과의 관계에 대해서는 근심스러운 시선을 감추지는 못했다. 아무리 스승과 제자 사이라고 해도 로댕의 여성 편력을 알고 있었고, 딸이 구설수에 오를까 염려되었기 때문이다.

1913년 카미유를 사랑했던 아버지가 세상을 뜨고 나자 그녀의 어머니는 카미유를 몽드베르그 정신병원으로 보낸다. 그녀는 이곳에서 30년 동안 감금당한 채로 자유를 갈망하며 인생을 마무리한다. 여성으로 태어났기 때문에 억압당해야 했고 사람들의 시선으로부터 자유롭지 못했지만 그녀는 자신의 신분을 뛰어넘어 오늘날까지도 사람들에게 회자되는 예술가로 남아 있다. 그녀의 작품 역시 과거와는 달리 재평가되어 한 사람의 독립적인 조각가로서의 입지를 새로이 굳히고 있기도 하다.

오늘날 로댕 박물관 1층에는 카미유 클로델의 전시관이 따로 마련되어 있다. 하지만 카미유는 하늘에서 그 모습을 바라보며 통탄하고 있을지도 모르겠다. 그녀의 자식들과도 같은 작품들이 여전히 로댕에게 속한 채로 우리에게 전달되고 있으니 말이다.

"이 근처를 지날 일이 있거든,
늘 우산을 잃어버리던 조그만 조각가를
기억해주시기 바랍니다."

뮤즈가 없다면 자신을 뮤즈로 만들어라!

괴물 같이 생긴 기이한 바위의 모양에 매료되었던 소녀는 여성들에게는 낯설었던 조각이라는 세계에 뛰어들었다. 진흙을 손으로 만지며 그 감촉을 음미하고 자신의 손과 발, 사랑하는 남자의 모습을 조각으로 빚어냈다. 매료되었던 세계에 있는 힘껏 몰두하여 오늘날 재평가 받는 여성 조각가의 반열에 오른 것이다.

"나는 나 자신만을 위하여 작업하고 싶다."

로댕이라는 그늘에서 벗어날 수밖에 없었던 상황에서 그녀는 평단의 비평과 조각가로서의 입지가 사라질 것을 예상하면서도 그 결과가 두려워 조각을 그만두고 일반적인 여성의 삶을 살아가길 꿈꾸지는 않았다. 그녀에게서 로댕이라는 뮤즈가 사라졌다고 사람들이 수군거릴 때조차 스스로에게 영감을 불어넣어주며 오직 자신만의 작품 세계를 만들어갔을 뿐이다. 비록 정신병원에 수용되어 있는 동안 "로댕은 나의 재능을 두려워해 나를 죽이려 한다"는 말을 되풀이하며 그에게서 완전히 벗어날 수 없었음을 보여주기는 했지만 말이다.

한때 연인이자 뮤즈였던 남자가 자신을 떠났을 때의 배신과 사람들의 편견 어린 시선을 깨고 자신만의 작품 세계에 매진했던 카미유 클로델의 삶은 우리에게 예술가의 열정이 어떤 것인지를 보여준다. 자신을 믿고, 조각이라는 세계에 빠져들어 살아갔던 카미유 클로델의 인생은 시대가 한 개인을 버릴지라도 그 다음 시대가 그 가치를 인정해줄 수 있음을 보여준다.

사랑은 모든 것을 이겨낸다

인생의 모든 비극을 노래한 20세기 최고의 가수

에디트 피아프 (Edith Piaf)

원고 작업을 할 때 늘 꺼내서 듣는 음반이 있다. 에디트 피아프의 베스트 앨범이다. 일상을 살아가는 건조한 감정이 아닌, 문학적이고 예술적인 분위기를 자아내기 위한 방편으로 에디트 피아프만한 존재도 없다. 한 음절만 들어도 그녀의 감정이 고스란히 전달되니 말이다. 140센티미터가 간신히 넘는 작은 체구, 불우한 성장 환경, 연인의 죽음, 약물 중독, 40대에 맞이한 이른 죽음 등 인생에서 겪을 수 있는 비극이란 비극은 모두 겪은 그녀지만, 듣는 이로 하여금 전율을 느끼게 하는 목소리는 인간들이 모두 동일한 만큼의 행복과 불행을 타고 난다면 나머지 다른 요소는 모두 불행한 것들로 채워질 만큼 완벽한 것이었다. 제2차 세계대전 이후 최고의 샹송 가수라는 수식어는 아직까지도 바뀌지 않고 있으니 말이다.

2007년 개봉한 영화 〈라 비 앙 로즈〉에서 에디트 역할을 맡았던 마리옹 꼬띠아르 때문에 에디트 피아프의 이미지를 그녀를 통해 떠올리는 사람들이 많다. 실제 그녀의 모습도 마리옹 꼬띠아르와 크게 다르지 않았는데, 작고 날렵한 체구와 애수가 깃들어 있는 커다란 눈동자, 무언가를 끊임없이 종알댈 것 같은 작고 통통한 입술은 그녀를 처음 발굴해낸 클럽 제니스의 지배인 루이 르쁠레가 지은 '피아프'라는 이름과 너무나도 잘 어우러진다. 피아프는 작은 참새라는 뜻이다.

에디트 조반나 가시옹에서 에디트 피아프가 되어 살아가며 겪게 된 희로애락은 두 시간이 넘는 영화를 가득 채우고도 남을 만큼 수많은 이야깃거리들을 남겼지만 실제로 그 인생을 살았던 그녀에게는 너무나 가혹했을 수도 있다. 모든 인생의 아픔들을 노래로 승화시키고, 무대에서 노래를 부르다가 쓰러져 실려 나간 그녀의 인생은 예술적인 영감과 열정으로 가득 메우기에 충분하다.

비극적인 운명, 천상의 목소리로 비상하다

파리의 빈민가 베이르 72번가에서 태어난 에디트는 거리에서 노래하던 엄마와 서커스 단원이었던 아빠 사이에서 태어났지만 엄마는 두 달이 지난 후 사라지고, 군대에 가야 하는 아빠의 손에 의해 창녀촌을 운영하던 할머니 손에 맡겨져 그곳에서 유년기를 보냈다. 세 살 때 각막염에 걸려서 앞을 볼 수 없는 처지에 놓였지만 4년 만에 다시 시력을 되찾고 세상을 볼 수 있게 된다. 영화 〈라 비 앙 로즈〉에서는 이때 에디트에게 신앙심이 생긴 것으로 그려진다. 인생의 굴곡을 만날 때마다 그녀는 습관처럼 성녀 테레사에게 기도한다.

창녀촌에서의 생활이 그렇게 불행했던 것만은 아니다. 이곳의 여인들과 친밀한 관계를 유지하고 그들 모두의 딸로 나름대로 행복한 생활을 하기도 한다. 그렇지만 에디트의 아빠가 더 이상 그녀를 창녀촌에 맡길 수 없다고 다시 찾아와 그녀는 아빠를 따라 서커스 단원들을 따라다니는 생활을 하게 된다. 하지만 이마저도 오래 지속되지는 못한다. 다툼 끝에 에디트의 아빠는 서커스를 뛰쳐나오고, 그때부터 아빠와 딸 단 둘이 거리 공연을 하며 근근이 생활을 이어간다. 에디트가 노래를 부르기 시작한 것도 이때부터다. 그녀가 노래를 부르면 사람들은 아낌없이 그녀에게 동전을 던졌다. 사람을 매료시키는 목소리가 이때부터 거리에 울려 퍼지게 된 것이다.

15세가 되자 에디트는 더 이상 아빠와 함께 거리 공연을 하며 살아가는 것을 견디지 못하고 아빠로부터 도망친다. 그리고 거리에서 친구 시몬느와 노래를 하던 중 클럽 제니스의 지배인 루이 르쁠레에 의해 발탁되어 카바레에서 성공적인 데뷔 무대를 치른다. 에디트에게 장소는 중요하지 않았다. 어디든 노래를 할 수 있는 작은 공간과 들어주는 사람만 있다면 그녀의 매력은 빛을 발했다. 제니스에서 인정받으며 가수로의 입지를 굳히던 그녀였지만 불행은 그녀를 내버려두지 않았다. 그녀를 데뷔시킨 루이 르쁠레가 동네 불량배들에 의해 피살되자, 불량배들과 한통속이라는 살인 혐의를 받게 되어 더는 사람들 앞에서 노래를 부르지 못하게 된 것이다.

이때 그녀 인생의 은인이 나타나는데, 시인 레이몽 아소가 그 주인공이다. 그녀의 목소리를 특별하다고 여긴 그는 그녀에게 노래를 연기하는 법과 무대 매너, 목소리 내는 법을 전문적으로 가르친다. 다시 대중 앞에 등장한 그녀는 1930년대 말을 자신의 시대로 만드는 파리의 가수로 등극하고 제2차 세계대전 중에도 왕성한 공연 활동을 펼친다. 이후 1940년 장 콕토가 그녀를 위해 쓴 희곡을 독연한 후에는 여배우로서도 인정받게 된다. 1946년에는 뉴욕으로까지 그 무대의 영역을 넓히는데 미국의 대형 엔터테이너 업계에서 새롭게 적응해야 하는 부분도 있었지만 언론의 호평을 받으며 차츰 자신의 자리를 만들어나가기 시작한다. 이때 프로복서인 마르셀과 만나 세기의 사랑을 하지만 1949년 10월 28일 사고로 그가 곁을 떠나자 그녀는 깊은 시름에 잠긴다. 하지만 곧 노래로 재기에 성공하고 1951년에는 〈파리의 기사〉로, 1952년에는 〈빠담 빠담〉으로 디스크 대상을 받아 또 한 번 세상에 이름을 떨친다.

파리로 돌아온 에디트는 자금 문제로 운영 위기에 처한 상송의 메카 올랭피아 극장을 살리기 위해 또 한 번의 콘서트를 감행한다. 그녀의 노쇠한 체력 때문에 주변 사람들 모두 만류했지만 노래를 하지 않으면 삶의 의미를 찾을 수 없었던 그녀는 늙어버린 육체를 이끌고 무대 위로 오른다. 이때 부른 노래가 또 하나의 명곡인 〈Non, Je Ne Regrette Rien(아니, 저는 후회하지 않아요)〉인데, 이 노래는 오늘날에도 여러 영화를 통해서 여전히 대중의 귀를 매혹시키고 있다. 특히 2010년에는 영화 〈인셉션〉을 통해 다시 한번 큰 사랑을 받기도 했다. 이 영화의 주인공이 〈라 비 앙 로즈〉에서 에디트 피아프를 연기했던 배우 마리옹 꼬띠아르였다는 것도 재미있는 에피소드다.

1963년 10월 10일, 48세의 나이에 그녀는 젊은 남편 곁에서 눈을 감는다. 48세의 젊은 나이였지만 그 얼굴은 70대 노인이라고 해도 믿을 만큼 세월의 주름으로 가득 차 있었다. 그녀는 길지 않은 인생을 살았지만 아마 그 인생의 밀도만큼은 그 어떤 인생보다 깊고 가득차 있었을 것이다. 그녀는 기자와의 인터뷰에서 죽음이 두렵냐는 질문에 그보다 더 두려운 것은 외로움이라고 대답한다. 엄마로부터 버림 받았다는 외로움, 그녀의 곁을 떠났던 많은 남성들에 대한 그리움 때문에 그녀는 또 누군가를 잃게 될까 두려움에 떨었다. 그녀가 죽어갈 때 곁을 지키던 젊은 청년 테오파니스와 유언처럼 남긴 노래 〈Non, Je Ne Regrette Rien〉의 노랫말 덕분에 대중은 그녀의 죽음을 겸허하게 받아들일 수 있었다.

불꽃처럼 사랑하다 하늘로 돌아간 작은 새

영민하고 재능 있는 에디트 피아프에게 관심을 표명한 남성들은 수도 없이 많았다. 그녀의 제자였던 이브 몽탕과 사랑에 빠졌던 그녀는 〈La vie en Rose(장밎빛 인생)〉라는 명곡을 남기게 된다. 가수로서 고공행진을 하던 그녀와 그녀의 콘서트에서 오프닝을 맡았던 신인 가수 이브 몽탕은 4년간의 뜨거운 사랑을 하고 이 곡을 15분 만에 만들어냈다고 한다. 그러나 주목 받지 못하던 신인가수에서 최고의 가수가 되자 이브 몽탕은 그녀를 떠나게 되고 항간에 그가 자신의 출세를 위해 그녀를 이용했다는 이야기들이 나돌게 된다. 무엇이 진실인지 알 수는 없지만 에디트가 이브 몽탕의 성공을 도울 만큼 그를 사랑했던 것은 사실이었던 것 같다. 그리고 그 절실했던 감정은 이 곡에 오롯이 담겨 있다.

그녀의 인생에서 유일하게 진실한 사랑으로 꼽히는 주인공은 프로복서였던 마르셀 세르당이다. 프로복싱이 가장 활발했던 1940년대 월드 미들급 챔피언이었던 그는 프랑스의 국민적 영웅이었다. 109승 4패라는 기록을 갖고 있던 그는 유럽 무대를 휩쓸던 중 1948년 미국으로 원정을 가게 된다. 당대 최고의 선수였던 토니 제일을 케이오로 쓰러뜨리고 세계 챔피언이 되기도 한다. 미국에서 만난 두 사람은 마르셀이 세 아이의 아빠이자 유부남이었음에도 불구하고 급속히 사랑에 빠져든다. 마르셀 세르당과 에디트 피아프의 편지는 책으로 묶어져서 나오기도 했는데, 프랑스 젊은이들 사이에서 발렌타인데이에 초콜릿보다 많이 팔릴 만큼 인기를 끌었다고 한다.

너를 알고 난 뒤로 나는 많은 것이 변했어.
내 마음 속 깊은 곳에 감춰져 있던 천박하고 저속한 생각들을 네가 모두 가져가 버렸거든.
나는 점점 더 나은 사람이 되어갈 거야. 나는 너를 존경해.
나는 결코 너에게 어울릴 만큼 충분히 아름다울 수는 없을 거야.
너의 영혼은 너무도 아름다우니까.

- 에디트 피아프의 편지 중에서

하지만 이들의 사랑은 길지 않았다. 뉴욕에서 공연 중이던 에디트는 프랑스로 돌아간 그에게 보고 싶다는 전화를 하고, 그는 그녀를 만나기 위해 비행기에 오르지만 그 비행기는 대서양 한가운데에서 추락하고 만다. 자신의 생애에서 진정한 사랑이라고 믿었던 한 사람이 사라지고나

자 에디트는 또 한 번의 추락을 경험한다. 그리고 또 하나의 위대한 노래를 만들어내는데, 그를 위해 만든 이 노래가 바로 〈사랑의 찬가〉다.

"푸른 하늘이 우리 위로 무너져 내리고, 모든 대지가 허물어진다 해도 그건 아무것도 아니에요. 당신이 날 사랑해준다면."

이 노래를 부르며 다시 세상 속에 나타난 그녀는 노래를 통해 살아갈 의지를 얻는다. 그리고 어린 시절 홀로 중얼거리던 "난 예술가야. 최고가 될 거야"라는 약속을 지키기 위해 마르셀을 잃고도 홀로 무대에 오르게 된다. 이후 자크 페르스와 결혼하지만 4년 만에 이혼을 하고 술과 약으로 피폐한 삶을 이어나가게 된다.

약과 술에 찌들어 방탕한 생활을 하던 에디트 피아프에게 또 한 명의 남자가 나타난다. 45세의 나이에, 의사로부터 인생이 얼마 남아 있지 않다는 충격적인 소식을 들은 상태였지만 그녀는 또 한번 불 같은 사랑에 빠져든다. 가수를 꿈꾸던 그리스 출신의 청년 테오파니스 람부카스가 그 주인공이다. 그는 에디트에 비해 21살이나 어렸기 때문에 세간의 시선은 곱지 않았다. 이브 몽탕 때와 마찬가지로 그가 그녀를 이용해 유명한 가수가 되려고 한다는 것이었다.

신혼의 단꿈에 젖어 지내던 1963년, 에디트는 작은 새가 되어 세상을 뜨게 된다. 이때 테오파니스가 그녀의 임종 사진을 신문사에 팔아 넘겼다는 소식에 그에 대한 비난의 소리는 더욱 높아졌지만, 훗날 에디트의 빚을 갚느라 그녀가 죽은 후에도 부채액을 갚기 위해 무대에 올랐다는 소식이 전해지며 대중도 그들의 사랑을 인정하게 된다. 하지만 그 역시 34살이라는 젊은 나이에 교통사고로 세상을 뜨게 된다.

"나는 내가 하고, 알았던 모든 것을
결코 후회하지 않는다.
다시 해야 한다면
기꺼이 다시 시작할 것이다."

영화 〈라 비 앙 로즈〉에서는 늙고 병든 에디트 피아프를 만나기 위해 그녀가 있던 바닷가로 한 젊은 여성 기자가 찾아오는 장면이 나온다. 기자는 그녀와 인터뷰 한 후 마지막에 "여성들에게 말하고 싶은 것이 있냐?"라고 묻는다. 그녀는 대답한다. "사랑하세요." 기자가 "소녀들에게 말하고 싶은 것은 무엇이냐?"고 묻자 그녀는 대답한다. "사랑해요." 그리고 "아이들에게는 말하고 싶은 것은 무엇이냐?"라고 묻자 그녀는 이렇게 대답한다. "사랑하렴."

10대에 낳았던 딸은 두 살 무렵 죽었으며, 그녀가 사랑했던 남성들은 모두 그녀를 떠났지만 그래도 그녀는 계속 사랑하길 원하고 사람들 역시 모두 사랑하길 원한다. 사랑이야말로 자기 인생의 원동력이었음을 그녀는 알고 있었기 때문이다. 그리고 노래를 통해 아직도 그 사랑은 우리에게 전해지고 있다.

영원히 지저귀는 작은 새로 남은 에디트 피아프

소소한 인생의 즐거움을 누리면서 살지는 못했지만 자신 안에 잠재되어 있는 거대한 재능과 열정으로 한 세기를 평정해버린 에디트 피아프. 거리에서 노래를 부르고 그 대가로 동전을 받으며 생을 연장하던 작은 소녀는 한 세기를 대표하는 가수가 되어 여전히 우리의 귀를 즐겁게 해주고 있다.

자그마한 체구에서 뿜어져 나오는 에너지와 삶에 대한 갈망은 한 분야의 대가가 되기 위해 우리 모두가 갖춰야 하는 자질들이다. 이 에너지는 어떤 환경에서 성장을 하게 되었건, 길거리 위에서의 생활이 비참했

건 상관없이 그 사람을 최고의 자리에 있도록 만들어주었다. 작은 체구나 불운한 것으로 가득 채워져 있던 자신의 운명 또한 그녀를 주저앉게 만들지는 못했다. "나는 남자들이 왜 다리 긴 여자 뒤를 졸졸 따라다니는지 이해할 수 없다. 여자의 다리가 길면 길수록 따라가기 더 힘들 텐데 말이다"라는 그녀의 말처럼 자신의 모든 요소들을 장점으로 승화시켜 살아간 것이다.

자신의 인생은 아름다운 세상을 보도록 허락되지 않은 상태에서 맞이했지만 그 어두운 암흑 속에서도 삶의 아름답고 빛나는 면만을 보길 원했던 그녀의 노래는 오래도록 기억될 것이다. 그리고 사랑에 번번히 실패하면서도 계속해서 사랑하길 원했고, 사랑하며 살았던 그녀의 인생은 사소한 후회조차 허락하지 않는다.

"아니, 아니에요.
저는 후회하지 않아요.
행복이건 불행이건
그런 건 상관없어요.
내 삶과 기쁨은
오늘 당신과 함께 있어 시작되었으니까요."

삶의 고통이 예술의 원동력이다

삶 전체가 고통이었던 스타일 아이콘

에디 세즈윅 (Edie Sedgwick)

"보아요, 그녀가 걷는 모습을.

들어요, 그녀가 말하는 소리를.

왜냐하면 모두가 알고 있기 때문이죠.

그녀가 좋아하는 것들을."

노란 바나나가 하나 그려져 있는 단순하지만 강렬한 음반의 자켓. 구석에는 시대를 풍미했던 팝아티스트 앤디 워홀의 이름이 새겨져 있다. 어느 카페를 가도 자연스레 만날 수 있는 미국의 4인조 그룹 벨벳 언더그라운드의 데뷔 앨범 〈벨벳 언더그라운드 앤 니코〉의 음반 자켓이다. 그리고 이 앨범의 세 번째 노래인 〈Femme Fatale〉을 듣고 있노라면 자연스레 떠오르는 사람이 있다. 얇고 긴 다리와 창백한 얼굴, 빨간 입술, 스키니한 몸매와 스모키한 화장. 당대의 패션 아이콘인 에디 세즈윅이다. 앤디 워홀의 기획으로 세상에 첫선을 보인 벨벳 언더그라운드처럼 에디 세즈윅 역시 앤디 워홀의 영화에 출연하며 세상에 그 이름을 알리기 시작한다. 노래 〈Femme fatale〉 역시 앤디 워홀의 부탁으로 벨벳 언더그라운드의 리더인 루 리드가 만들었다. 훗날 밥 딜런 역시 그녀를 기억하는 노래 〈Just like a woman〉을 세상에 발표한다. 서른을 넘기지 못한 짧은 삶을 살았지만 당대의 어느 누구보다도 깊은 발자취를 남겼던 그녀. 오드리 헵번의 담배 피는 모습을 동경하여 배우의 삶을 꿈꾸었던 에디 세즈윅의 삶은 그러나 우리가 익히 알고 있듯 고통으로 얼룩져 있었다.

삶 전체가 고통이었던 당대의 스타일 아이콘

1960년대에 들어서서 패션 산업이 발전하면서 수많은 스타일 아이콘들이 등장하기 시작했다. 일단 에디 세즈윅과 가장 많이 비교되며 미니스커트 스타일을 대표하던 트위기와 쇼트커트 머리로 인기를 끌었던 미아 패로우, 사랑스러운 퍼니 페이스 페넬로페 트리까지, 베트남 전쟁으로 대표되는 이 혼돈의 시기에 사람들은 불안한 일상을 벗어나 환상적인 세계를 보여주는 여성들에게 열광하기 시작했다. 그리고 그 중심에는 에디 세즈윅이 있었다.

1943년 미국 센터바바라의 부유한 집안에서 태어난 에디 세즈윅은 정신병력으로 얼룩진 세즈윅 가의 운명을 그대로 드러내는 삶을 살았다. 평생 써도 부족하지 않을 정도로 부유했지만 부모는 모두 정신질환 병력을 갖고 있었다. 의사마저 그들의 병력을 갖고 태어날 2세가 염려

되어 아이를 낳을 것을 자제시켰지만 그들은 다섯 명의 아들과 세 명의 딸을 낳는다. 그리고 이들은 모두 의사의 염려대로 정신병을 앓고 불운하게 인생을 마감한다.

에디 세즈윅 또한 태어나는 순간부터 부와 미모를 갖고 있었지만 정신적으로 안정되지 않은 집안 환경은 그녀를 절벽으로 몰아 세웠다. 어린 시절 아빠의 혼외정사 장면을 목격하지만 부모는 그녀를 정신질환자로 몰아세운다. 그녀의 남동생은 게이라는 이유로 죽음을 맞이하고 가족들은 그의 장례식에서 눈물 한 방울 보이지 않는다. 가정의 안정감이라고는 전혀 느끼지 못했던 에디는 불안정하고 외로움이 가득한 성인으로 성장하여 유명한 파티걸이 된다. 그리고 뉴욕으로 떠나 그녀의 인생을 바꿔놓은 팝 아트의 선구자 앤디 워홀과 만나게 된다. 하지만 그 만남조차 그리 길지 못했고, 결국 인생의 바닥을 전전하다 약물 중독으로 짧은 생을 마감한다.

비록 불안정하고 비극적인 생애였지만, 비극적 이미지를 그로테스크한 아름다움으로 승화시킨 그녀는 자신만의 아우라를 만들어내는 데 성공한다. 그녀에게는 자기에게 내재되어 있는 모든 것을 온전히 자신의 것으로 만드는 당당함과는 다른 그 무엇이 있었기 때문이다. 당신이 무언가를 창조해내는 영역에서 일하고 있다면 이는 당신에게 주어진 가장 강력한 힘이 될 수 있다.

비극으로 끝난 앤디 워홀과의 만남

에디 세즈윅을 다룬 영화 〈팩토리 걸〉을 보면 뉴욕에 도착한 에디 세즈

윅이 우연히 길거리에 붙어 있던 앤디 워홀의 포스터를 목격하는 장면
이 나온다. 에디 세즈윅은 기존의 것과는 전혀 다른 그의 작품에 순간 매
료되고, 얼마 후 이들은 운명처럼 한 파티장에서 만나게 된다. 앤디 워홀
역시 에디를 처음 본 순간 그녀의 외모에 매력을 느낀다.

"아주 아름답군요."

앤디 워홀이 그녀에 대해 처음으로 한 말이다. 그리고 누구라도 그녀
를 보면 사랑에 빠질 수밖에 없다고 고백한다. 자연스럽게 서로의 매력
에 끌린 앤디 워홀과 에디 세즈윅은 뉴욕에서의 삶을 함께 하게 된다. 삶
을 창의적인 예술품으로 가득 채우고 싶었던 앤디 워홀이 매력으로 가
득 차 있는 이 여인을 한눈에 발견한 것이다.

당시 앤디 워홀의 작업실인 팩토리에는 소설가나 극작가, 화가, 영화
관계자 등 예술가들이 모여 다양한 작품 활동을 하고 있었다. 앤디 워
홀은 그녀에게 자신의 영화에 출연해 줄 것을 부탁하고, 자연스럽게 그
녀는 영화에 얼굴을 비추며 영화배우로서의 삶도 살게 된다. 하지만 이
는 뛰어난 연기력을 필요로 하는 것은 아니었다. 에디 세즈윅의 있는 모
습 그대로를 카메라 앞에서 이야기하고, 행동하면 되는 것들이었다. 그
림을 그리는 것에 염증을 느끼던 앤디 워홀은 영화에 매진하며 자신의
영화를 들고 파리까지 진출하여 선보이기도 했는데, 그의 작품에 대한
평가는 극단적이었다. 열광하던 이들이 있었고, 아무것도 아닌 하찮은
것이라 평가하던 집단도 있었다. 영화 〈팩토리 걸〉에서는 에디 세즈윅
의 아버지인 퍼지 세즈윅이 에디가 앤디 워홀을 소개시켜줄 때 그가 인
쇄업에 종사하는 사람인 줄 알았다고 비꼬며 예술가라기보다는 판화

를 찍어내는 사람에 불과하다고 대놓고 이야기하는 장면이 그려지기도 한다.

앤디 워홀은 팝아트의 선구자였던 만큼 팝아트의 핵심 가치관인 예술의 대중화를 꾀한 사람이기도 했다. 고전 명작들이 원본의 가치를 높이 평가하고 원본과 모조품을 엄격하게 구분했던 것에 비해 앤디 워홀은 마릴린 먼로나 미키마우스 등 대중에게 친숙한 소재를 실크 스크린을 사용하여 다량으로 찍어내어 원하는 사람들은 맘껏 감상할 수 있도록 제작해냈다.

우리는 다빈치의 〈모나리자〉 원본을 보기 위해 파리의 루브르 박물관까지 가야 하지만 앤디 워홀의 작품은 원본과 모조품 사이의 경계가 허물어지면서 어디에서나 쉽게 감상할 수 있는 예술 작품으로 우리에게 다가온 것이다.

지금도 세계 곳곳에서 그의 작품은 살아 숨 쉬며 활기찬 분위기를 연출해주고 있다. 무엇이 진품이고 모조품인지 그 경계가 허물어진 채로 말이다. 바로 이 점이 예술의 거창한 아우라에 위축된 대중에게 위안을 주는 지점이 되었다.

앤디 워홀이 단 하나의 진짜라는 가치를 역설적으로 배제시켰다면 에디 세즈윅의 이미지 역시 그녀의 실제 삶보다는 각종 매체를 통해 계속해서 재생산되며 현재의 우리에게 전해지고 있다. 젊은 시절 찍힌 몇 장의 사진들로 우리는 그녀의 이미지를 만들어내고 그녀의 아름다움에 매료당한다. 지금도 패션과 영화계에 종사하는 사람들은 발상의 벽에 부딪힐 때마다 그녀의 스타일에서 새로운 돌파구를 찾아내곤 한다. 뉴욕에 와서 1년간 유지했던 은빛 커트 머리는 그녀의 트레이드마크가 되어 아직도 우리에게 '세즈윅 스타일'이라 전해지고 있으며 두꺼운 아이라이너로 대변되는 스모키 화장을 보면 손쉽게 에디를 떠올린다.

이렇듯 앤디 워홀로 인해 유명세를 탄 그녀이지만 그녀를 무너지게 한 사람 역시 앤디 워홀이었다. 앤디는 부유했던 그녀의 상황을 이용하여 영화를 만드는 데 제작비를 지원하도록 만들지만 영화는 수익을 내지 못한다. 점점 줄어드는 통장 잔고를 채우기 위해 그녀 자신이 스스로 영화 제작에 뛰어들기도 하지만 오히려 더 큰 손해를 입게 되고 그녀를 못마땅하게 여기던 아버지 역시 그녀에 대한 지원을 끊어버린다. 이런 시기에 밥 딜런을 만나 짧고 진한 사랑에 빠지지만 이에 질투심을 느낀 앤디 워홀에 의해 그녀는 점점 수렁으로 빠져가게 된다. 게다가 에디 세즈윅과 만나던 시기에 그는 유부남이었다고 하니 밥 딜런과의 연애도 에디에게 그리 아름답기만한 기억은 아니었을 것이다.

줄어드는 통장 잔고에 연애 문제까지 겹쳐 그녀는 점점 약물에 의지해서 살아가게 되고, 약을 살 돈마저 없어지자 약을 주는 사람에게 몸을 팔기도 한다. 그리고 약물 중독으로 1971년 7월, 28세의 젊은 나이로 생을 마감한다.

예술보다 더 예술적인 생을 살다

우리가 가보지 못한 죽음의 세계 때문인지, 대부분의 사람들은 망자에 대해서는 후한 평가를 하게 되고 동시에 회한과 그리움을 갖기도 한다. 그런 이유로 아직도 매스컴에 종종 얼굴을 비치는 트위기보다는 에디 세즈윅에게 나는 좀 더 예술적인 아우라를 진하게 느끼곤 한다. 〈프로젝트 런웨이〉에 에디 세즈윅이 트위기를 대신하여 스페셜 심사위원으로 참석했다면 좀 더 다이내믹한 프로그램이 되었을 거라 상상해보기도 하면서 말이다. 트위기가 젊은 시절의 모습부터 나이가 좀 들어버린 지금의 모습이 겹쳐지며 아이콘보다는 하나의 여성성을 떠오르게 한다면 에디 세즈윅은 젊은 시절의 모습이 마치 사진처럼 우리 머릿속에 박제되어 그녀를 그리워하게끔 만든다.

그녀와 관련된 일화 중 그녀의 모습을 대변하는 에피소드가 한 가지 있다. 그녀가 죽기 전날 밤, 파티장에서 만난 한 사람이 그녀의 손금을 보다 끊어진 생명선을 보고 깜짝 놀라며 "단명할 운명이다"라고 이야기하자 에디 세즈윅 또한 아무렇지도 않게 "괜찮아요. 나도 알고 있어요"라고 대답했다는 것이다. 자신이 죽고 난 후 세상이 자신을 기억해줄 것인가에 대해 의문을 품고 있던 그녀는 스스로 알고 있던 그대로 다음 날 세상을 떠난다. 그러나 세상은 여전히 그녀를 기억하고 있다. 속은 공허했지만 세상을 모두 꿰고 있던 이 여성은 자신의 죽음에 대해서도 이미 예견하고 있었던 것이다.

얇고 긴 다리와 창백한 얼굴, 빨간 입술은 어디에 가든 그녀를 돋보이게 만들어주었다. 그녀의 정신세계를 반영하는 듯한 명확하지 않은 말투와 나른한 태도 역시 사람들이 그녀를 열망하도록 만들어주었고 말이다. 잃을 게 없다는 듯한 삶의 태도 역시 짧지만 열정적인 인생을 살도록 만들어주었다. 영화 〈팩토리 걸〉의 후반부에 그녀에 대해 증언하는 친구들의 인터뷰 중 한 사람이 이런 이야기를 한다.

"에디 세즈윅은 이 세상 모든 비극적인 여인들의 모습을 모두 합쳐 놓은 것 같은 인생을 살았다."

불우한 가정사는 물론이고 성공적이지 못했던 연애사나 자신의 커리어를 쌓는 문제에 있어서도 에디 세즈윅은 무엇 하나 정상적으로 이루어내지 못했다. 그리고 무엇보다 자신이 갖고 있는 것을 활용하여 남들에게 귀감이 될 만한 성공적인 인생을 살지도 못했다. 부유한 가정에 높은 지성, 타고난 미모 등 모든 성공 요소를 갖고 시작한 인생이었음에도 불구하고 말이다.

그럼에도 불구하고 그녀는 인생의 비극적인 요소마저 자신의 것으로 온전히 받아들이며 그로테스크한 아름다움을 갖게 되는 데 성공했다. 그녀의 화려한 미소가 다른 모델들과 다른 이유는 그 안에 숨겨진 비극적인 상황들이 묻어나 우리에게 더욱 큰 아련함을 주기 때문이다. 나 역시도 에디 세즈윅과 관련된 자료들을 찾아보며 그녀에 대해 애틋한 마음을 갖게 되었다. 한 번도 자신에게 정상적인 역할을 해주지 못한 아버지의 자리를 앤디 워홀로 채우고자 했던 그녀의 유아기적 욕망 또한 이해를 하게 되었고 말이다.

사람들은 그녀가 앤디 워홀 덕분에 유명세를 탔다고 생각하지만 앤디 워홀을 만나지 않았다면 오히려 자신이 갖고 있던 능력들로 좀 더 긍정적인 인생을 살 수 있지 않았을까? 자신의 이름을 건 예술 작품들을 만들어내거나, 좀 더 대중적으로 인기와 명성을 쌓은 배우가 되지 않았을까. 그녀의 삶을 돌아보자니 문득 이런 의문이 머릿속에 떠오른다. 그리고 그런 의문과 함께 자연스레 한 곡의 노래를 더 떠올리게 된다. 밥 딜

"곧 죽을 것 같다고요?
괜찮아요. 나도 알고 있어요."

런이 그녀를 기억하며 만들었다는 노래, 〈Just like a woman〉이다.

"그녀는 평범한 여자처럼 사랑을 하고, 아파했습니다. 그리고 소녀처럼 부서져 버렸지요."

삶의 고통을 예술의 원동력으로 삼은 에디 세즈윅

아직까지도 에디 세즈윅은 많은 이들의 오마주가 되어 우리 곁에 머물고 있다. 두터운 화장과 경쾌한 커트 머리, 큼지막한 귀걸이와 가는 다리를 드러내는 미니 원피스와 매치해서 신던 두꺼운 검정색 스타킹은 그녀의 트레이드마크가 되었고 복고 무드가 유행할 때마다 어김없이 가장 먼저 여심을 뒤흔드는 스타일이 되었다. 자신의 외모와 가장 잘 어울리는 스타일을 찾고, 그 스타일 속에서 한층 아름다워진 외모가 빛을 발하며, 아름다운 외모와 함께 당당한 삶의 태도까지 어우러진 그녀는 앤디 워홀뿐 아니라 당대 사람들의 진정한 헤로인이었다.

자신이 믿는 것을 향해 돌진하라. 그 끝이 비극일지 희극일지와는 상관없이 말이다. 그 절정을 향해가는 매 순간 당신의 아름다움이 빛을 발한다면 더 바랄 나위가 없겠다. 당신의 특별한 매력과 함께 열정적인 삶의 순간들도 당신의 인생을 더욱 빛나게 만들어줄 것이다. 당신에게 부정적인 요소가 많다고 해도 이를 부끄러워하기보다는 자신의 것으로 받아들이고 있는 그대로 발산하라. 당신에게 자신감과 매력이 있다면 이조차 당신을 시대를 대표하는 스타일 아이콘으로 만들어줄 수 있을 것이다.

한계를 정하지 말고,
당신이 원하는 삶을 살아가라

휴렛패커드의 첫 여성 최고경영자
칼리 피오리나 (Carly Fiorina)

칼리 피오리나가 AT&T의 부사장이 되었을 때 그녀는 유일하게 팬클럽을 지니고 있는 경영자였다. 직업 정신이 투철하고 태도는 우아했으며 최고급 의상을 세련되게 입는 그녀는 경박하지 않으며 활기찬 여성이었기 때문에 그녀에게 팬클럽이 있다는 사실은 어쩌면 매우 자연스러운 것이었다. 물론 언제나 그렇듯 사람들의 애정은 루머로 확대되기도 했다. 그녀는 어디를 가나 스포트라이트를 받는 여성이었는데 언론에서는 그녀가 출장을 다닐 때마다 헤어 디자이너와 메이크업 아티스트를 대동하고 다닌다는 기사를 싣기도 했고 사무실에 핑크색 욕조를 설치했다는 소문을 흘리기도 했다. 하지만 그녀는 이러한 가십에 신경 쓰지 않았으며 오히려 자신이 홍보가 되고 회사가 홍보될 수 있는 토크쇼나 연설회장에 적극적으로 참여했다.

칼리 피오리나의 부모는 그녀가 여자라는 이유 때문에 아들보다 더

낮은 기대치를 갖고 그녀를 양육하지는 않았다. 늘 높은 기대치를 그녀에게 요구했으며 피오리나 역시 그 기대치에 부응하기 위해 열심히 공부했다. 물론 아버지의 뒤를 이어 UCLA 로스쿨에 진학한 후에 법에 별다른 재미를 느끼지 못해 그만두기로 결정할 때 "행복해지려면 다른 사람들과 지나치게 관계하지 말아야 한다"는 알베르 카뮈의 말을 생각해내며 더 이상 부모가 원하는 삶이 아니라 자기 자신이 원하는 삶을 살기 위해 노력하는 인생으로 바뀌긴 했지만 말이다. 이때 그녀의 아버지는 큰 실망을 해야 했지만 칼리는 자신의 뜻을 굽히지 않았다. 지적인 것을 탐닉하고 사람들이 자신을 바라보는 편견에서 자유로워진 이 여성은 자신의 뜻에 따라 로스쿨을 자퇴하고 사회생활을 시작한다.

커뮤니케이션의 대가, 칼리 피오리나

기업에서 성공하기 위해서는 여러 가지 요소가 필요하겠지만 무엇보다 좋은 지도자가 되기 위해 사람들과의 커뮤니케이션만큼이나 중요한 점도 없을 것이다. 그녀의 커뮤니케이션 방법은 어린 시절의 독특한 경험들이 크게 영향을 미쳤다. 법학자인 아버지가 학계에서 위상을 높여감에 따라 가족들이 이사해야 하는 일이 자주 발생했는데 이때마다 그녀는 새로운 환경에 적응해서 살아야 했다. 아버지가 아프리카 아크라에 있는 가나대학교에서 안식년을 보내야 했을 때 그녀는 흑인들과 함께 학교를 다녀야 했다. 반에서 유일한 백인이었던 피오리나는 소수자로 사는 게 어떤 것인지를 체득하고 훗날 미국에 살고 있는 흑인들까지도 포용하는 경영을 하게 된다.

뉴욕, 코네티컷, 캘리포니아에서 초등학교 시절을 보내고 캘리포니아와 영국에서 중학교 시절을 지냈으며 아프리카와 캘리포니아에서 고등학교를 다녀야 했던 피오리나는 폭넓게 친구를 사귈 수 있었고 새로운 환경에 빠르게 적응하는 법도 자연스럽게 익히게 되었다. 그리고 이는 어머니로부터 배운 대화법이 큰 효과를 냈다.

그녀의 어머니는 사람들과 모이는 자리에서 모르는 사람을 만나도 자신의 이야기를 하기보다는 적절한 질문을 던져 대화의 흐름을 유도해나가는 대화법을 가르쳐주었다. 질문을 받은 사람은 상대방이 자신에게 호기심을 갖고 있다는 사실에 고마워하며 대화를 이어나갔고 피오리나도 이 모습을 보며 질문하고 대답을 경청하는 자세를 자연스럽게 체득하게 되었다.

쉬운 이야기일지 몰라도 우리의 커뮤니케이션 방법에 있어서 매우 중요한 요소를 꼬집는 내용이 아닐 수 없다. 어른들과 친해지는 가장 좋은 방법은 질문을 던지는 것이며 새로 친구를 사귈 때도 질문을 하며 자연스럽게 가까워질 수 있다. 사람들은 대개 누군가가 자신에게 질문을 던지면 그에 호감을 갖게 되고 마음을 열게 된다. 특히 새로운 사람들을 만나게 되는 낯선 사교의 장에서는 더욱 그렇다. 텔레비전에서 명진행자라고 소문난 사람들은 자신의 말을 많이 하기보다는 상대의 중요한 지점을 끄집어낼 수 있는 적절한 질문을 던지고 그 대답을 경청하는 자세를 취하는 이들이 대부분이다. 좋은 대화법을 갖고 싶다면 당신의 이야기들을 늘어놓기보다는 질문을 해보자. 상대방은 대화를 나누며 큰 편안함을 느끼고 마음 속 깊이 있던 이야기들을 꺼내놓을 것이다.

세계에서 가장 영향력 있는 여성 기업인 1위에 오르다

1998년 미국의 경제 전문지 〈포춘〉지에서 발표한 '가장 영향력 있는 여성 기업인 50인' 중 영광의 1위는 칼리 피오리나가 차지했다. 메릴랜드 대학교와 MIT에서 MBA 학위를 딴 그녀는 25세에 AT&T의 영업직으로 입사를 하게 된다. 이때부터 그녀의 화려한 경력은 시작되었다. 35세에 네트워크 부문 최초의 여성임원에 오르게 되고 40세에는 북미 영업 담당 이사로 승진한다. 이후엔 루슨트 테크놀로지 글로벌서비스 담당 사장 자리를 거치게 되는데 이때에도 경영능력을 인정받는다. 그녀가 사장으로 있는 동안 이 기업의 주가는 12배나 뛰게 되고 200억 달러 이상의 매출을 내며 승승장구한다. 그 후 그녀의 인생에서 가장 중요한 휴렛 패커드의 최고경영자로 영입되고 2001년 컴팩을 인수합병하면서 회사의 CEO가 되었다.

칼리 피오리나가 휴렛패커드사에 영입될 당시 그녀가 회사에 합류한다는 소식만으로도 이 기업의 주가는 2달러 68센트가 뛰었고 그녀가 전에 몸담았던 루슨트 테크놀로지는 1달러 87센트 떨어졌다. 또 당시 그녀의 연봉은 350만 달러(한화 약 42억 원)였으며 스톡옵션과 상여금을 합해 1,500만 달러(한화 약 180억 원)의 재산을 소유하게 되었다.

그녀가 세계적인 컴퓨터 업체의 CEO 자리에 오른 것은 우연이 아니었다. AT&T의 말단 사원으로 일했을 때부터 그녀는 자신에게 주어진 일은 무엇이든 열심히 해냈다. 그리고 회사에서 일하기 힘든 부서로 발령을 낼 때에도 그녀는 마다하지 않고 새로운 목표를 품고 최선을 다해냈고 자신의 업무와 상관없던 엔지니어링 파트에서도 두각을 나타내는 등 모든 분야에 대한 지식을 갖추어 나갔다.

남성들이 독식하고 있던 정보 통신 분야에서 피오리나는 자신의 여성스러운 매력을 드러내며 이미지를 쌓아가기도 한다. 언제나 단정한 수트에 밝은 셔츠를 매치하여 화사하지만 똑부러진 이미지를 만들어냈으며 이는 HP사의 이미지 쇄신에도 자연스럽게 도움을 준다.

두려움을 원동력으로 사용하다

칼리 피오리나의 자서전 〈칼리 피오리나, 힘든 선택들〉에는 "나는 그들(부모님)을 잃을까봐 노심초사했고, 그들을 실망시킬까봐 겁내며 자랐다"는 말이 나온다. 이뿐만이 아니라 그녀는 삶의 순간순간마다 두려움을 느껴야 했다. 업무를 위해 전화기를 들어야 하는 순간에도, 뒤에서 자신의 험담을 늘어놓는 사람들을 대할 때에도, 참기 힘든 요구를 하는 상사를 대할 때에도 그녀는 늘 두려움을 느꼈다고 고백한다. 우리가 흔히 생각하는 칼리 피오리나의 강한 성격과는 달리 겁 많고 인정받고 싶어 하는 욕구가 그녀를 더욱 노력하는 존재로 만들어놓은 것이다.

법학과를 그만두는 결정을 했을 때에도 그녀는 진로를 바꾸는 문제를 두고 남들보다 2배 이상 더 많은 고민을 해야만 했다. 아버지의 기대를 저버릴 수 있을지 자신이 없었기 때문이다. 하지만 그녀는 자신을 꽁꽁 싸매고 있던 굴레들을 하나씩 깨트리기 시작했고, CEO의 자리를 감당하면서도 "리더가 할 일은 사람들이 두려움을 극복하도록 돕는 것이다"라고 말하며 직원들을 돕기 위해 애쓴다. 그녀가 국제 세미나를 위해 방한했을 당시에도 "남녀 가릴 것 없이 큰 꿈을 갖고, 도전과 역경을 이겨낼 수 있다는 자신감을 갖는 게 중요하다. 한계를 느끼기보다는 가능성을 염두에 두고 생활한다면 항상 좋은 사람들이 옆에 몰려든다는 사실을 알았다"고 이야기하며 한국의 여성 기업인들을 격려하기도 했다. 자신에게 한계점이 있을 거라는 두려움과 여성이기 때문에 리더의 자리에 오르기 힘들 것이란 두려움, 누군가 자신으로부터 실망할 수도 있다는 두려움을 모두 떨쳐버릴 수 있을 때 비로소 앞으로 나아갈 수 있는 힘이 생기는 것이다.

사람들은 흔히 칼리 피오리나를 '천부적인 언어 능력과 철의 의지를 가진 여인'이라 칭한다. 자신만만하고 강해 보이는 외향 이면에는 자신의 능력에 대한 두려움도 있었지만 이조차도 성공을 향한 원동력으로 삼아 빈틈 없는 모습으로 경영 전선에 나섰으며, 직원들의 마음도 헤아릴 줄 아는 지도자가 되었다.

한계를 정하지 않고, 스스로 원하는 삶을 살아가다

'유리천장'이라는 말은 비즈니스계의 보이지 않는 차별로 인해 여성이 고위 임원으로 승진하는 데 어려움을 겪는 일을 뜻하는 말이다. 칼리 피오리나는 이 유리천장을 극복한 사람이었다. 비록 2005년 2월 주가하락과 이사회와의 충돌 등의 이유로 HP의 최고경영자 자리에서 사임해야 했지만 말이다.

그녀는 자신의 성공 비결을 잠재성이라고 믿는다. 스스로의 한계나 사업의 장래성을 미리 결정하지 말라는 것이다. 발전의 최대 장애물은 일을 시작도 하기 전에 자신의 한계를 미리 재단해버리는 데에 있다. 우리 각자는 스스로 생각하는 것보다 더 큰 잠재력을 갖고 있으며 칼리 피오리나는 자신의 행보를 통해 이를 몸소 보여주었다. 또 하나 중요한 요소로 꼽는 것은 일에 대한 사랑이다. 성공은 열정의 산물이라 이야기하며 모든 경험은 성공적이든 굴욕적이든 배울 점이 있으며 중요한 것은 그 안에서 무언가를 꼭 얻어내는 것이라 강조한다.

흔들리지 않는 명확한 비전을 갖고 도전적인 상황을 끊임없이 마주하며 자신의 한계를 서서히 극복해나가야 한다. 사회의 보이지 않는 유리천장 따위는 순식간에 깨뜨릴 수 있다. 그녀는 "가장 큰 승리는 대개 최후의 순간에 온다"고 말하며 어떤 경우에도 포기하지 말고 전진할 것을 권한다. 남성 중심의 사회에서 여성이라는 편견이 주던 어려움도, 자신을 둘러싼 갖가지 루머에 주저앉고 싶었을 때에도, 최고경영자 자리에서 사임해야 했을 때에도 칼리 피오리나의 인생은 멈춰지지 않았다. 더 나은 미래를 위해 자신의 자리를 지키며 신중하게 다음 단계로 넘어가고 있을 뿐이다.

오늘날 칼리 피오리나는 여전히 세계적으로 영향력 있는 여성 CEO로 꼽히고 있다. 여성들을 찾아보기 어렵던 분야에서 특유의 카리스마를 발휘하여 최고의 자리에 올랐으며 지금은 정계에 진출하여 상원의원을 꿈꾸고 있다.

행동하기에 앞서 나의 한계를 스스로 결정짓지 말자. 우리에게는 두려워하는 마음도 희망으로 바꿀 수 있는 의지와 어떤 것도 이룰 수 있는 강력한 투지가 존재하고 있기 때문이다.

"결코, 무슨 일이 있어도 중간에 포기하지 마세요.
가장 큰 승리는 대개 최후에 오는 법입니다."

Chapter 05

자신만의 가치를 발견한
긍정의 셀레브리티

버킨백으로 남은 프렌치 시크의 창시자 · **제인 버킨**
있는 그대로의 자신이 하나의 스타일이다

자신의 방법으로 사는 가장 행복한 동화작가 · **타샤 튜더**
행복, 그 자체를 목적으로 사는 삶

보헤미안 룩에 이름을 붙인 최초의 패션에디터 · **다이애나 브릴랜드**
지루한 것은 멋스럽지 않다

세계에서 가장 유명한 퍼스트레이디 · **재클린 케네디**
정신의 풍요가 삶의 여유를 만든다

살림을 직업으로 바꿔낸 라이프 스타일 디자이너 · **마사 스튜어트**
일상은 우리 인생의 가장 강력한 무기이다

우리가 스스로 만족스러운 인생을 살기 위해 할 수 있는 가장 지혜로운

방법은 자기 스스로의 가치를 발견하고 있는 그대로 인정할 줄 아는 것

이다. 이는 가장 쉬운 일이지만 가장 어려운 일이기도 하다. 우리에게는

모두 남과 비교하며 열등 의식을 느끼고 더 많은 것

을 갖고 싶어 하는 욕망 또한 존재하기 때문이다.

그렇지만 자신에게 가장 잘 어울리는 삶을 발견하고 이에 적합한 라이

프 스타일로 살아갈 때 오히려 자신의 분야에서 최고의 위치에 올라설

수 있다는 것을 보여주는 셀레브리티들이 있다. 자신이 믿고 있는 정신

적 가치가 삶의 방향을 정하는 데 얼마나 큰 영향을

주는지 자신의 인생을 통해 몸소 보여주고 있는 여인들이다.

자신만의 정원을 가꾸며 그 이야기를 책으로 담아낸 타샤 튜더와 살림을

가장 비싼 직업으로 바꿔낸 마사 스튜어트는 우리가 손쉽게 생각하는 집

안일을 통해 가장 고귀한 삶의 능력을 발견해낸 인물들이다. 남편과 아들을 잃고 세계인의 동

정을 받아야 했던 재클린 케네디는 정신의 풍요함을 알고 절망적인 상

황에서 이를 극복해냈으며, 아름답지 않은 자신의 외모를 개성으로 발

전시키고 스타일을 발견한 다이애나 브릴랜드는 사람들의 비난을 받으

면서도 패션계에 획을 그을 유행을 만들어냈다. 또 자신만의 스타일을

전 세계에 유행시킨 프렌치 시크의 선두주자 제인 버킨도 있다. 그녀는

멋스럽지만 인간미 넘치는 삶의 태도를 보이며 여성들에게 삶의 귀감이 되어주고 있다.

우리 모두에게는 잘하는 일과 자신이 가치 있게 해낼 수 있는 일이 존재

한다. 그것을 찾아내고 이로 인해 성공적인 인생을 살아갈 수 있는 방법

을 알려주는 이들이 바로 긍정의 셀레브리티들이다.

있는 그대로의 자신이 하나의 스타일이다

버킨백으로 남은 프렌치 시크의 창시자

제인 버킨 (Jane Mallory Birkin)

제인 버킨이라는 이름이 유명한 이유는 그녀 자신 때문이기도 하지만, 명품과 가방을 사랑하는 여인들에게는 에르메스의 버킨백 때문이기도 하다.

버킨백은 1,000만 원이 넘는 가격이지만 연간 제조되는 물량이 많지 않아서 돈이 있어도 갖기 힘든 가방으로, 선불을 내고 주문해도 1~2년은 기다려야 매고 다닐 수 있는 여성들의 워너비 백이기도 하다.

할리우드의 재벌 스타 빅토리아 베컴은 이 가방을 색색별로 소장하며 대중과 자신을 차별화시키기도 한다. 자신의 패션에 따라 매번 다른 컬러로 들고 나와 여성들의 부러움을 사기도 하는데, 이 가방에 버킨이라는 이름이 붙은 데에는 특별한 사연이 있다.

1984년 에르메스의 5대손이자 회장이었던 장 루이 뒤마 에르메스는 우연히 비행기에서 영국의 여배우인 제인 버킨 옆에 앉게 되었고, 온갖 잡동사니가 뒹굴고 있는 그녀의 가방을 보고는 그녀에게 소지품을 주머니에 넣고 다니라고 제안했다. 그에 대한 그녀의 대답은 이랬다.

"주머니가 달린 가방을 만들어준다면 그렇게 하죠."

그 결과 탄생한 일명 버킨백은 칸칸이 나뉘어져 원하는 물건을 찾기에도 쉬우며 수첩을 넣을 수 있는 안주머니도 붙어 있어 간단한 메모를 하기 위해 가방을 뒤적일 때도 전혀 번거로워할 필요가 없는 편리한 가방이었다. 이후 버킨백은 제인 버킨의 상징물처럼 그녀의 곁을 늘 따라다니게 되었다. 그리고 이 가방을 만들어낸 이후에도 제인 버킨은 예술가들이나 음악가, 디자이너들에게 계속해서 영감을 주며 여전히 우리 곁에 뮤즈로 머무르고 있다.

자신과 타인의 가치를 긍정하는 프렌치 시크의 창시자

1960~70년대 영화배우들의 사진을 보면 전부 다 과한 메이크업과 글래머러스한 몸매를 드러내는 옷으로 감싸여 있다. 그렇지만 글래머들의 시대가 지나고 이에 식상한 대중은 점점 새로운 롤모델을 찾기 시작했다. 자연스럽고 깨끗한 이미지의 여인들이 인기를 끌게 된 것이다. 그리고 그 선두엔 프렌치 시크가 있다.

프렌치 시크는 프랑스 여인들의 절제되어 있고 미니멀하지만 도도한 매력을 뿜어내는 모습에서 유래한 말로 미국인들의 캐주얼하고 자유롭지만 형식에 얽매여 있는 스타일과는 또 다른 멋으로 여심을 사로잡고 있다. 할 말은 하면서 살 것 같고, 남성들로부터 보호 받으려고만 하지 않으며 자신의 주체성을 갖고 있는 그대로의 아름다움을 가장 부각시키며 살아가는 모습이 프렌치 시크이다. 그리고 프렌치 시크의 창시자가 제인 버킨이라는 말에 토를 달 사람은 별로 없을 것이다.

제인 버킨은 우리 세대에게는 프렌치 시크의 아이콘인 샤를로트 갱스부르의 엄마로 더 유명하다. 그녀 역시 '제인 버킨'이라는 이름보다는 '샤를로트 갱스부르의 엄마'라고 불리는 것을 좋아한다고 한다.

'버킨백'이라는 이름이 붙게 된 과정 역시 흥미롭다. 에르메스 회장과 비행기에서 만나고 난 뒤 한 달 후, 그녀에게 새로운 가방의 디자인과 함께 가방에 그녀의 이름을 붙이자는 제안이 전해져왔다.

"수익의 일부가 자선단체에 기부되기도 하니 제법 쓸모 있는 가방이라는 생각이 들었습니다." 그녀는 자신의 이름을 붙이는 것을 수락하며 그 이유를 이야기했다. 제인 버킨은 타인의 가치에 자신의 가치를 기대지 않는다. 가방의 아름다움이나 실용성 혹은 가방에 자신의 이름이 붙는다는 기쁨보다는 당시 그녀의 마음을 차지하고 있던 자선사업이 가방에 자신의 이름을 붙이게 된 계기가 된 것이다.

공연을 위해 방한했을 때 어린이들을 돕기 위한 바자회를 위해 자신이 착용하던 에르메스 시계를 선뜻 내놓는 등 제인 버킨은 자신의 위치에서 할 수 있는 선행과 함께 살아가고 있다. 쓰나미가 휩쓸고 간 일본에서도, 지진이 일어난 아이티에서도 그랬듯 말이다.

남의 시선을 의식하지 말고, 따라하려 애쓰지 말 것. 순수하게 마음 가는 대로 행동하고 표현할 것. 이러한 기본적인 삶의 태도가 제인 버킨이 단순히 아름다운 뮤즈에 머무르지 않고 새로운 삶의 스타일을 만들어낸 창조자가 된 비결일 것이다.

음악으로 시작되고 음악으로 끝난 인연

매력이 넘치는 여자였던 제인 버킨은 그녀 못지않게 매력이 넘치는 남자인 세르주 갱스부르와 두 번째 결혼을 하게 된다. 세르주 갱스부르는 프랑스의 근대음악사에서 매우 중요한 사람으로 당시 음악 팬들에게 엄청난 영향력을 행사하고 있었다. 그의 음악적 재능과는 별개로 혹은 이에 대한 원동력으로 그는 화려한 여성 편력을 자랑하는 남자이기도 했는데 제인 버킨과 만나기 직전에는 유부녀인 브리지트 바르도와 연애를 하고 있었다. 제인 버킨과 세르주 갱스루느는 1968년 영화 〈슬로건〉을 촬영하며 만난 사이였다.

사실 이 커플을 유명하게 만들어준 노래인 〈Je t'aime moi non plus〉도 원래는 브리지트 바르도를 위해 만들어진 노래였다고 한다. 그러나 이는 제인 버킨과 세르주 갱스부르의 대표곡으로 자리매김하며 샹송계에서도 기념비적인 명곡으로 남아 있다. 이 곡은 야릇한 상상을 불러일으킨다는 이유로 군사정권하에 놓여 있던 우리나라를 비롯하여 몇몇 국가에서 금지곡으로 정해지기도 했는데, 이는 음악에 대한 새로운 시도와 논쟁을 끊이지 않게 했으며 이런 이유로 많은 이들에게 음악적인 영감을 주는 음악으로 여전히 남아 있다. 하지만 제인 버킨은 이 노래를 녹음실 외에서는 불러본 적이 없다고 한다. 세르주 갱스부르가 없이는 부를 수 없는 곡이기 때문이다.

뜨거운 사랑을 했던 커플이지만 이들은 1980년 이혼한다. 갱스부르의 여성 편력과 마약 중독, 그리고 알 수 없는 기인적인 행동은 결혼 생활을 이어가기에 어려운 것들이었기 때문이다. 제인과 헤어진 그는 퇴

폐적이면서도 염세주의적인 취향을 이어나가던 중 1991년 심장마비로 세상을 뜨게 된다. 괴팍하고 사생활에 문제가 많기도 했지만 음악에 대한 열정만은 프랑스 국민들의 존경을 받아왔던 그였기에 그의 죽음을 기리는 애도의 물결이 넘쳐났다. 그리고 제인 버킨은 그가 죽은 후에도 그의 노래를 부르며 여전히 그가 음악 속에 살아 있음을 상기시킨다.

제인 버킨은 영화감독인 자끄 드와이옹과 세 번째 결혼을 했고 이후 영화배우인 올리비에 롤랭과 결혼하지만 세르주 갱스부르와 함께 세상에 내놓았던 음악적 영감이 너무나도 강렬했기 때문인지 사람들은 여전히 그녀의 남자 하면 세르주 갱스부르부터 떠올리게 된다. 그리고 이 두 사람 사이에는 신비롭고 감성적인 유산인 딸 샤를로트 갱스부르가 자리하고 있다.

모두가 그녀를 따라한다

제인 버킨은 얼마 전 서울에서도 콘서트를 열었을 만큼 여전히 세계 곳곳을 다니며 자신의 세계를 보여주고 있긴 하지만 과거의 영광은 딸인 샤를로트 갱스부르가 이어 받아 그 자리를 대신하고 있다고 해도 과언이 아니다. 제인 버킨을 대표하는 이미지인 큰 키와 깡마른 몸매, 뱅스타일의 자연스럽게 헝클어진 긴 머리와 약간 돌출이 된 입 등은 샤를로트에게 그대로 전해져 전 세계 패션 피플의 호응을 받고 있는 것이다.

손으로만 만진 듯한 부스스한 머리와 민낯 수준의 화장은 희미하게 속삭이는 가느다란 목소리를 갖고 있던 제인 버킨에게 너무나도 잘 어우러지며 낭만적이고 느슨한 프렌치 시크의 매력을 만들어냈다. 이는 딸을 거쳐, 프랑스 여인들에게로, 전 세계로 퍼져나가고 있는 것이다.

영국 출생의 배우였던 한 여인이 샹송을 부르며 프랑스를 대표하는 남자와 결혼을 하고 그의 피를 물려받은 아이를 낳고 프렌치 시크의 대명사가 되었다는 사실이 놀랍지 않은가. 그녀가 프랑스에서 데뷔했던 시절 보여주었던 영국식 악센트마저 지금은 그녀의 트레이드 마크로 자리를 잡게 되었다. 그녀 역시 여전히 많은 예술가와 패션피플들에게 영감을 주고 있으며 그녀의 딸인 샤를로트 또한 마찬가지다.

"그래, 바로 저거야!"

샤를로트의 집에 놀러갔던 마크 제이콥스는 손으로 무릎을 치며 탄성을 자아냈다. 그의 시야에 들어온 것은 샤를로트가 검정색 펜으로 마구 낙서를 해놓은 루이비통의 트렁크 가방이었다. 루이비통에서는 판매량이 떨어지자 특단의 조치로 미국의 젊은 디자이너인 마크 제이콥스를 영입하여 새로운 디자인을 맡겼다. 루이비통에 전환점을 줄 수 있을만한 디자인을 찾고 있던 마크 제이콥스는 샤를로트의 집에서 그 해답을 찾아낸 것이다. 그리고 그 결과 전 세계에는 낙서 모양의 프린트가 돋보이는 루이비통 가방을 든 수많은 여성들이 존재하게 되었다.

사실 창조라는 건 어려운 일이 아닐 수도 있다. "아이디어 하나를 잘 훔치는 것은 그 자체로 예술이다"라는 말처럼 남에게 많은 영감을 주는 사람도 그 자체로 예술가이자 셀레브리티이다.

현존하는 패션 아이템들 중 100년 후에도 여전히 사랑 받고 있을만한 아이템을 꼽으라면 난 주저 없이 에르메스의 '버킨백'을 꼽을 것이다. 100년 후에도 여전히 프랑스가 존재하고, 패셔너블한 프랑스 여인들이 존재하고 있다면 말이다. 더불어 제인 버킨도 프랑스 고전의 대명사가 되어 어디선가 그녀의 삶이 영화로 제작되고 있을지 모른다.

있는 그대로의 자신을 하나의 스타일로 창조해내다

내가 제인 버킨을 사랑할 수밖에 없는 이유는 그녀의 버킨백에 있다. 단순히 비싼 값을 자랑하는 그 가방에 열광하는 것은 아니다. 그녀의 버킨백에는 미얀마 민주화 운동의 수호신인 아웅 산 수 치의 사진이 붙어 있다. 그리고 그녀에 대한 관심은 자연스럽게 미얀마의 상황에까지 이어질 수 있었던 것이다.

예쁘고 값비싼 가방을 들고 더 럭셔리해 보여야 한다는 의무감을 갖고 있는 연예인으로서는 실천하기 힘든 일이었을 것이다. 그녀는 자신이 추구하는 것을 가방을 통해 자연스럽게 광고했다. 어딜 가든지 말이다. 그리고 얼마 전 이 가방을 이베이에 올려 얻은 소득인 16만 달러의 돈을 일본의 지진 피해자들을 위해 사용했다. 바로 이 점이 버킨백에 열광할뿐인 많은 이들과 제인 버킨의 다른 점이다.

> *"내가 오랫동안 사용해온 버킨백 하나를*
> *얼마 전 이베이에 올려 16만 달러 정도에 팔았어요.*
> *그 돈은 일본 지진 피해자들을 위해 쓸 거예요."*

제인 버킨처럼 이름만으로도 우리에게 묘한 떨림을 주는 사람이 된다는 건 쉬운 일이 아니다. 사적인 부분과 공적인 부분을 제한해서 생활하

는 연예인들과는 달리 그녀는 자신의 삶 전체를 크리에이티브하고 재미있는 에피소드와 봉사의 삶으로 가득 채워놓았다. 사랑도, 자녀도, 자신의 커리어와 어우러져 삶 전체가 공명하게 울려 퍼지는 하나의 울림통이 된 것이다. 이런 모습은 당연히 타인에게도 영향력을 끼칠 수밖에 없고 예술가들은 그녀를 모티브로 한 많은 작품을 창조해낸다.

이 매력적인 인생의 시작에는 제인 버킨이 자신의 있는 모습 그대로를 사랑하고 그 안에서 최고의 것을 창조해냈다는 데에 있다. 만약 그녀가 마음에 들지 않는 입의 모양을 성형했다거나 우아하게 웨이브진 머리를 펴머해서 잘 관리하고 다녔다면 좀 더 예쁜 여자는 될 수 있었겠지만 프렌치 시크의 아이콘이 될 수는 없었을 것이다.

당신의 아름다움을 사랑하라. 있는 그대로의 모습을 받아들이고 당당해져라. 자신의 가치를 인정하고 더불어 타인의 모습도 있는 그대로 지켜봐줄 수 있어야 한다. 이것들만 잘 해낼 수 있다면 당신의 삶은 더욱 매력적인 요소들로 빛이 나고 새로운 스타일을 창조해낼 수 있을 것이다.

행복, 그 자체를 목적으로 사는 삶

자신의 방법으로 사는 가장 행복한 동화작가

타샤튜더 (Tasha Tudor)

2012년 미국 여론조사기관인 입소스의 조사에 따르면 우리나라 국민 10명 가운데 8명은 생활에 불만족하고 있다고 답변했다고 한다. 한국인의 81%가 현재의 생활에 만족하고 있지 못한 것이다. 소득이 늘어나삶의 질이 높아져야 하는데, 오히려 양극화 심화 등의 이유로 삶의 질은하락한 것이다. 우리 국민의 삶의 질이 OECD 32개국 중 바닥 수준인 31위에 불과하고, 행복지수는 10점 만점에 6점대 초반에 머물고 있다.

인간은 최고의 부, 최고의 명예를 누리기 위해 늘 목적을 향해 고군분투하는 삶을 산다. 그리고 우리나라의 교육 분위기상 항상 최고가 되어야 하며, 남들과 비교해서 더 부유하고 더 잘나가는 인생을 살아야만 진정한 행복감을 느끼게 된다. 돈도 많아야 하며, 명예도 있어야 하는 것이다. 이것이 최고의 행복에 이르는 길이라 생각하지만 행복 자체를 목적으로 하는 삶을 사는 사람들은 별로 많지 않다. 최고의 부와 명예를 얻기 위해 자신의 행복을 망가뜨린다. 현재에 충실하기보다는 미래 지향적인 삶을 살아간다. 미래가 현재의 모든 것을 보상해주리란 기대를 안고 말이다.

이런 우리에게 타샤 튜더는 행복을 위한 삶의 귀감이 되어주며 많은 이들의 환호를 받고 있다. 자신에게 주어진 것에 최선을 다하며 행복을 추구했던 그녀가 이색적인 존재가 되어버린 이 아이러니한 사건을 우리는 어떻게 받아들여야 하는 것일까?

마땅한 목적 의식 없이 사회가 정해주는 기준대로, 남들이 사는 대로 살고 있는 우리는 타샤 튜더의 인생을 보며 다시 한번 숨 고르기를 해야 할 필요가 있다. 돈과 명예는 자신의 인생을 최대한 충실하게, 행복하게 살아갈 때 자연스럽게 따라온다는 것이 삶의 진리일 수 있으니 말이다.

2008년도 여름, 타샤 튜더가 세상을 떠났을 때 전 세계의 많은 이들이 애도를 표했다. 1938년 〈호박 달빛〉을 시작으로 펴냈던 100여 권의 동화책, 에세이집, 그녀의 정원에 피어 있던 작은 꽃에 위로 받던 사람들은 자신의 안식처를 잃어버린 것만 같은 공허함을 느꼈다. 그러나 그 빈자리는 그녀의 손에서 가장 귀한 보살핌을 받고 자란 네 명의 남매가 이어주고 있다. 여전히 시골 마을에 살고 있는 그들은 동화작가가 되기도 하고, 엄마를 그리워하는 책을 내기도 하며 그녀의 뒤를 밟고 있다. 어딘가에 우리에게 주어진 자연을 만끽하며 그들과 친구가 되고, 우리에게 전달해주는 사람들이 있다는 것은 큰 위안이 된다. 그리고 자신이 원하는 것이 무엇인지 잔잔한 마음의 소리를 듣고 자신의 질서대로 삶을 살아간 타샤 튜더의 글과 그림, 사진들은 고전이 되어 앞으로도 많은 사랑을 받게 될 것이다.

자연을 좋아해 학교를 그만둔 소녀

어쩌면 타샤 튜더는 엄마의 뱃속에 잉태되는 순간부터 창조적인 인생을 살아갈 수밖에 없는 운명에 놓여 있었는지도 모른다. 그녀의 아빠인 윌리엄 스탈링 버기스는 유명한 요트 디자이너였는데 항해를 즐겼으며 인습에 얽매이지 않는 자유로운 삶을 살았다. 엄마 로자몬드 튜더는 초상화가여서 그림을 그리는 데 남다른 재주가 있었다. 타샤는 어린시절 아빠로부터 해적이나 공주가 등장하는 이야기들을 듣게 되었고 아빠가 추천하는 많은 책을 읽을 수도 있었다.

타샤 튜더는 열다섯 살까지만 학교를 다니다 그만두기도 했다. 수업시간에는 공부를 하기보다는 책에 투명한 종이를 대고 그림을 그리느라 정신이 없었고 학교에서 즐겁다는 감정을 느껴본 적이 없었던 그녀는 학교에서 얻을 것이 없다고 생각하고 더 이상 학교를 나가지 않게 된 것이다. 그리고 시골 마을에서 소를 키우고 싶다는 욕심에 차곡차곡 돈을 모으기 시작한다. 그러던 중 외삼촌으로부터 젖소 한 마리를 선물 받고 그 이후 닭이나 거위, 까치, 고양이 등 다양한 종류의 동물을 자신의 정원에서 키우며 그들과 함께 살아간다.

학교를 그만두고 자신의 스타일에 맞는 삶을 살아가던 그녀는 열아홉 살에 첫 번째 이야기 책을 쓰게 된다. 이 책은 개인의 즐거움을 위해 만들어졌기 때문에 출판되지는 않았지만 훗날 그녀의 네 남매를 위한 좋은 선물이 된다. 히티 필로우라는 농장에 사는 소녀의 이야기로, 이때부터 자전적인 요소들은 그녀의 책을 통해 우리에게 전달된다.

그녀는 직감으로 그림을 그리는 일이 없었다. 직접 자신의 아이들에게 고전적인 옷을 입히고 그들을 모델로 해서 그림을 그린다. 그녀의 그림에 등장하는 동물이나 꽃 역시 모두 그녀가 직접 고른 것들이다. 자신의 옆에 살아 숨쉬고 있는 것들을 그림으로 옮기니 그 애정 어린 마음이 있는 그대로 우리에게도 전달되고 있는 것이다.

나중에 이혼하게 되긴 했지만 1938년 결혼식을 올린 타샤 튜더는 농장을 가꾸며 그곳에서 소를 키우고 거위와 오리, 닭을 키우며 지낸다. 이후 타샤는 자연과 더욱 친밀하게 지낼 수 있는 산골 마을에서 살기를 원했고 뉴햄프셔 인근의 낡고 오래된 농가로 이사를 하게 된다. 이곳은 금방이라도 주저 앉을 것 같았지만 타샤의 눈에는 마치 오래된 고성처럼 아름다워 보였다. 타샤 튜더의 손이 닿는 곳은 현재의 모습과는 상관 없이 가장 아름다운 모습으로 변화되었다. 그녀는 쓰러져가는 농가를 청소하고 수리하고 아름답게 가꾸며 여섯 명의 가족들이 살기 좋은 집으로 완성시킨다. 그녀는 집안 살림을 노동이라고 생각하지 않고 하나의 예술적 행위라고 믿으며 집안을 가꾸고 아이들을 키웠으며 직접 가축을 돌보고 꽃을 키우며 아이들에게도 자연스럽게 자연과 벗하는 방법을 알려준다. 그들은 키우는 닭이 낳는 달걀로 빵을 해먹었으며 키우는 젖소의 신선한 우유를 직접 짜서 먹었다. 바느질을 좋아했던 타샤는 자신의 아이들에게 입힐 옷도 직접 만들어 입혀주었다. 타샤와 네 남매의 또 다른 즐거움이었던 인형들도 직접 그녀의 손에 의해 탄생한 작품들이다.

첫째딸 베서니 튜더는 엄마를 기린 책 〈나의 엄마, 타샤 튜더〉에서 가족들과 함께 블랙 워터 강변으로 피크닉을 갈 때면 항상 엄마는 스케치 북과 수채화 물감을 들고 나갔다고 밝힌다. 자연의 모습을 그대로 화폭에 옮기고 사랑하는 네 아이들이 뛰노는 모습을 그리며 자연스럽게 자신의 작품 세계를 만들어나간 것이다. 집안에서 티 타임을 가질 때에도, 부엌에서 저녁식사를 만들면서도 타샤는 끊임없이 그린다. 그래서 부엌한 켠에는 타샤가 그림을 그릴 수 있는 책상이 마련되어 있었다.

"인생은 결코 긴 것이 아니랍니다. 우물쭈물 멍하게 있다 보면 어느새 인생은 끝나버리지요."

이 말처럼 타샤는 주어진 하루하루를 최상의 행복감을 자신에게 선물하며 지냈던 사람이다. 매일 가족들을 위해 만드는 음식 만들기가 노동이라고 느껴진다면, 꽃을 키울 때 나오는 벌레가 징그럽다고 느껴진다면 그녀처럼 오롯한 행복감을 느끼기는 힘들 것이다. 자신이 힘들고 불행하다고 느껴지는 요소에서도 최대한 행복을 끄집어내기 위해 노력해보자. 그리고 그 순간을 목적을 위한 수단이 아니라 행복을 위한 목적 그 자체라 여겨보자. 우리의 인생도 타샤처럼 조금 더 풍성해질지도 모른다.

세상의 아름다움을 자신의 세계 안에 만들어내다

가스통 바슐라르는 〈공간의 시학〉을 통해 집에 대해 이렇게 설명한다. "집은 우리의 몽상과 꿈을 지켜주는 하나의 우주입니다"라고 말이다. 집이라는 개념 자체가 재테크의 수단이 되어버리고, 부의 척도가 되어버린 2012년의 서울에서 바슐라르의 말에 대부분의 사람들은 비웃음을 흘릴 것이다. 집이 없어서 결혼을 미루고, 집이 없어서 직장에서의 인생을 저당 잡힌 우리에게 집이 꿈을 지켜주는 하나의 우주라는 말은 슬프기까지 하다. 하지만 타샤 튜더가 지금의 서울에 살고 있다면 어떤 모습일까? 서울의 여기저기를 오가며 집값을 알아보고 부족한 전세금을 채우기 위해 회사를 다니고 있을까? 난 타샤 튜더가 이곳에서 살고 있더라도 서울에서 멀리 떨어진 어딘가의 시골 마을에 자리를 잡고 다 쓰러져 가는 농가를 세상에서 가장 아름다운 집으로 꾸민 채 그곳을 타샤 튜더의 마을로 만들어 행복하게 생활할 것이라고 믿는다. 오늘 아침에 자신의 닭이 낳은 달걀을 이웃집 할머니들과 나눠 먹으며 말이다.

그녀는 하늘에 떠 있는 별에 찬미의 인사를 보낼 줄 알고, 거위에게 먹이를 주는 딸의 모습을 동화로 만들어낼 수 있는 사람이었다. 타샤의 집은 바슐라르의 말과 정확하게 일치하는 공간이기도 했는데, 그녀는 외부로 나가는 대신 자신의 집과 정원을 온전히 가족들의 것으로 만들며 그 안에 자신만의 세계를 만들어냈다. 그녀가 아이들과 함께 정원에서 맨발로 뛰놀고 있는 모습은 우리가 추구해야 할 가정의 모습을 보여주고 있기도 하다.

행복이란 온전히 마음에 달려 있다는 말은 너무나도 쉽지만 실천하기는 어렵다. 부모가 이혼하고, 이른 나이에 학교를 그만두고, 귀신이 나올 것 같은 농가에서 살게 된 것은 누군가에게는 인생 최고의 불행일 수 있지만 그녀는 그 상황에서도 언제나 최대의 행복을 찾아내기 위해 노력했다.

그녀는 사람마다 자신에게 어울리는 시대가 있다고 믿는다. 아무리

2012년도에 살고 있다 하더라도 2012년도의 라이프 스타일이 자신에게 맞지 않으면 과감히 삶의 방식을 바꾸라는 것이다. 타샤 튜더는 1830년 대의 스타일이 자신에게 맞다고 느끼며 그것들을 재현해내는 삶을 살기도 했다. 그녀가 아끼던 베틀이나 조리도구들은 모두 그 시대의 것들이 었으며 그녀는 고전적인 옷을 직접 만들어 입고 평생을 지낸다. 심지어 천도 사오는 것이 아니라 리넨이나 양모의 실을 직접 뽑아서 사용했다. 또 동화책에 나오는 주인공들 역시 과거의 옷을 입고 있는데 이는 타샤가 상상해서 그린 것이 아니라 직접 옷을 만들어 자녀들에게 입히고 모델로 세운 후에 그려낸 것들이다. 네 남매들은 이런 일들을 통해 고전으로의 여행을 떠나기도 한다.

그녀가 창조해낸 삽화나 동화, 라이프 스타일과 그것이 담긴 책들은 너무나도 사랑스럽고 행복하다. 그녀가 살았던 삶은 도시에 살고 있는 우리에겐 너무나도 굉장하고 실현 불가능한 일처럼 보이지만 그녀는 자신이 이 세상을 살면서 누려야 할 행복이 무엇인지 철저하게 사색했고 그것을 실현하며 살았다. 원래부터 그런 삶이 주어졌던 것은 아니다. 그녀는 기쁨을 스스로 만들어갈 줄 아는 사람이었고, 하루라도 그 기쁨의 감정을 놓치고 싶지 않아했던 사람이다. 크리스마스 트리로 쓸 나무를 직접 숲에서 구해오고, 트리의 오너먼트들 또한 계란 위에 그림을 그려 만들어냈다. 그녀의 그림이 담긴 크리스마스 카드는 큰 인기를 끌기도 한다. 그리고 이 모든 과정에는 그녀의 기쁨과 행복이 녹아 있다. 온전히 자신이 무엇을 원하는지 탐구했으며 생의 순간순간 그 자신으로 존재할 수 있었다. 그리고 그 행복은 우리도 누릴 권리가 있는 것이다. 성

공한 인생이 행복하지 않을 수는 있지만, 행복한 인생은 성공한 삶이라
는 것을 잊지 말아야 한다.

고민의 시간도 꽃 향기로 채운다면 행복한 삶을 살 수 있다

"딸아, 고민은 그만하고 나가서 꽃 향기를 맡으렴."

타샤는 행복한 인생을 사는 것이 목표인 사람이었고 그 꿈을 이루었
다. 그녀가 말하는 행복의 비결은 어렵지 않았다. 고민한 시간조차도 기
쁨으로 채워 넣는 것이었다. 그녀는 동물과 꽃, 있는 그대로의 자연을 사
랑하는 사람이었으며 이 시대를 살아가면서도 시대의 노예가 되기보다
는 자신에게 어울리는 라이프 스타일을 찾아내고, 그 안에서 행복을 누
리는 삶을 살았다. 이는 진정으로 자신이 원하는 바가 무엇인지를 깊이
통찰한 사람만이 해낼 수 있는 것이다.

이는 우리에게 많은 것을 시사한다. 돈의 노예가 되지 않는 인생을 살
겠다고 다짐하면서도 결국 돈을 위한 인생을 산다. 그리고 어쩔 수 없는
시대에 대한 발맞춤이라고 이야기한다.

하늘에 매일 떠 있는 별에 감사해본 적이 있는가? 숲 속에서 나무와
하나된 채 같은 시선으로 하늘을 바라본 적이 있는가? 타샤는 세상이 우
리에게 줄 수 있는 모든 것을 누리는 삶을 살았고, 그로 인해 세상에서
가장 행복한 사람이 되었다. 당신의 행복은 어디에 있는가?

> *"우리가 바라는 것은 온전히 마음에 달려 있다.*
> *난 행복이란 마음에 달려 있다고 생각한다."*

지루한 것은 멋스럽지 않다

보헤미안 룩에 이름을 붙인 최초의 패션에디터
다이애나 브릴랜드(Diana Vreeland)

노숙자 패션을 보헤미안 룩으로 변신시키다

키가 157센티미터인 올슨 쌍둥이 자매의 노숙자룩을 보헤미안 룩이라고 이름 붙이고 그녀들의 트레이드 마크로 설정해준 사람도, 잠수복 같은 쫄쫄이 검정색 레깅스를 모든 여성들의 다리에 착용시킨 사람도, 집에서만 허락되던 잠옷을 길거리 위에서 가장 시크할 수 있는 파자마 룩으로 변신시켜 준 것도 모두 패션에디터들의 공로다.

　그들은 "저런 옷을 누가 입어?"라는 대중의 비아냥거림을 순식간에 솔드 아웃으로 변신시킬 수 있는 일급 쇼핑호스트보다 우위에 있는 설득의 대가들이며 몸소 카메라 세례를 받으며 유행의 최전방에 서기도 한다.

　1989년 이 여성이 세상을 떠난 후 패션 사진가 리처드 아벤돈은 그녀를 위한 추모 연설을 하며 "세상에 존재하지 않던 새로운 직업을 탄생시

컸다. 그녀는 진정한 의미에서의 패션에디터를 발명한 것이다"라고 밝히기도 했다. 이 여성 이전의 에디터의 역할이 상류층 여자가 다른 상류층 여자에게 아름다운 옷을 권해주는 것이 전부였다면 그녀는 패션지 안에 상상력과 매력을 불어넣은 인물이었다. 그녀의 이름은 바로 패션에디터 다이애나 브릴랜드이다.

최초의 유명 패션에디터, 다이애나 브릴랜드

여성들이 특히 두각을 드러내는 분야가 있다면 바로 '패션'일 것이다. 디자이너는 물론이고 패션에디터와 어시스턴트, 모델들도 여성의 섬세함과 감각이 필요하기 때문일 것이다. 그래서 평범한 남성들도 게이라고 속여야만 살아남는다는 곳이 바로 패션계다. 디자이너는 물론이고 스타일리스트나 패션에디터가 젊은층이 선호하는 직업군이 되다 보니 연예인화 되는 스타일리스트나 에디터들이 늘어나고 있다. 요즘엔 케이블 텔레비전 채널만 몇 번 돌려도 연예인인지 스타일리스트인지 분간이 안 되는 익숙한 얼굴의 사람들이 등장하는 것을 발견할 수 있다. 대부분의 사람들은 그 시작을 〈악마는 프라다를 입는다〉의 미란다 프리슬리의 실제 모델인 미국 〈보그〉 편집장 안나 윈투어라고 생각하겠지만 사실 그 전에 이미 연예인급의 인기를 누렸던 패션에디터가 바로 다이애나 브릴랜드였다.

1936년부터 1962년까지 〈하퍼스 바자〉에 몸담으며 패션의 날개를 펼쳤던 그녀는 패션과 관련된 다양한 명언을 남기며 여전히 우리에게 스타일의 귀감이 되어주고 있다. 그리고 글로써만 독자들을 만나던 에디터들이 용기를 내어 대중 앞에 한발 다가서도록 만들어준 최초의 편집 장이기도 하다. 작년에 미국에서는 그녀의 손주 며느리인 리사 이모르 디노 브릴랜드가 다이애나 브릴랜드의 이야기를 책으로 펴내며 다시 한 번 그녀가 대중의 주목을 받기도 했다.

일을 갖고 있는 모든 이들에게, 특히 저널리즘 분야에서 일하는 사람 에게 자신의 이름 자체가 홍보 수단이 된다는 것은 커다란 메리트이다. 다이애나 브릴랜드는 자신을 대중에게 노출시킴으로써 그녀의 칼럼에 더 큰 집중력과 파급효과를 갖고 오게 했다. 그녀의 에디터로서의 위상 이 높아졌음은 말할 것도 없다.

패션에디터의 시대를 선도하다

물론 '악마'라는 호칭이 더 익숙하긴 하겠지만 잡지사 에디터들이 요즘 만큼 인기 많았던 시절도 드물었다. 특히나 미디어의 사랑을 많이 받고 있는데, 시크하고 세련된 영화 속 주인공으로 등장하는 것도 부지기수 이고 좌충우돌하고 있긴 하지만 왠지 좀 '있어 보이는' 20대의 젊은 청 춘을 그리기 위한 드라마 주인공으로도 등장한다. 패션 관련 케이블 프 로그램에서는 모든 잡지사의 에디터들을 초대하여 스타일에 관한 조언 을 들은 듯하며, 아직까지 우리나라에서는 드물긴 하지만 해외 패션에 디터들은 길거리 파파라치들의 세례를 받으며 그들의 스타일이 전 세계 로 퍼져나가고 있기도 하다.

선글라스와 뱅 스타일의 헤어로 아메리칸 뷰티의 트레이드 마크가 된 미국의 안나 윈투어나 프랑스 〈보그〉지 편집장 자리를 뛰쳐나와 멋지게 재기에 성공한 카린 로이펠드는 패션에디터 계의 양대 산맥이라 할 수 있다. 젊은층의 에디터로는 도자기처럼 고운 피부와 날씬한 몸매로 사랑 받고 있는 미국 〈하퍼스 바자〉의 시니어 에디터인 조안나 힐맨, 프랑스 여배우에 버금가는 청초한 미모를 자랑하는 프랑스 〈보그〉의 에디터인 제랄딘 사글리오, 러시아 인형처럼 사랑스러운 러시아 〈하퍼스 바자〉의 에디터이자 스타일리스트인 나탈리아 알라베르디안 등은 스타일을 사랑하는 소녀들에게는 연예인에 버금가는 존재들이다. 그리고 이들은 다이애나 브릴랜드를 능가하는 에디터를 꿈꾸며 패션계에서 뛰고 있다.

영화 〈러브스토리〉의 주인공이었던 여배우 알리 맥그로우는 한때 다이애나의 어시스턴트이기도 했는데, 그녀는 인터뷰를 통해 "다이애나는 믿을 수 없을 만큼 예리한 눈을 가졌으며 다른 사람들이 보지 못하는 것을 보는 사람이었다. 자신의 감정이나 환상을 표현하는 데 거침 없이 자연스러웠다"고 밝힌 바 있다. 또 그녀의 아파트에서 처음 향초를 보았던 순간을 떠올리며 향이 나는 초가 있을 거라는 상상은 누구도 못하던 시절에도 늘 그녀의 거실에서는 향초가 타오르고 있었다고 이야기한다. 인생에 대한 호기심과 사람에 대한 관심은 그녀로 하여금 끊임없이 새로운 무언가를 창조해내게 만들었고, 그 사람의 재능을 200퍼센트 이끌어내는 데 사용된다. 그리고 이런 성향에 가장 적합한 직업군인 패션지의 세계에 발을 들여놓고 일생 동안 창조적인 사람들을 곁에 두고 늘 무언가를 만들어내고 상상하며 지내는 인생을 살게 된다.

물론 1962년부터 1964년까지 미국 〈보그〉의 편집장을 지내던 중 발행사인 콘데 나스트사로부터 현실적인 감각을 지닌 인물을 원한다는 이유로 불명예스럽게 퇴장을 하긴 했지만 상상력으로 무장한 그녀로서는 현실에 발을 붙이며 살고 싶진 않았을 것이다. 작가 패밀러 클라크 키어우는 그녀를 두고 "브릴랜드는 마법을 두려워하지 않는 마술사이자 악마였다"고 밝히기도 했는데 이것이 그녀가 시대를 뛰어넘는 창조자가 될 수 있었던 이유일 것이다.

오직 천재만이 알아볼 수 있는 에디터

다이애나 브릴랜드는 매부리코에 귀까지 블러셔를 진하게 바르고, 핑크색 립스틱을 바르는 강렬한 화장법으로 유명하다. 그녀는 교양 있고 부유한 부모님 밑에서 자라긴 했지만, 그녀를 예쁘지 않다고 취급하는 냉정했던 어머니의 비판에 맞서며 자신만의 취향과 스타일이 있어야만 자신이 돋보인다는 것을 깨닫고 최상의 스타일을 만들어내기 시작한다. 짙은 검정색 머리를 짧게 잘라 뒤로 넘겨 빗고 얼굴 윤곽을 확실하게 드러냈으며 늘 진홍색 매니큐어를 바르고 다니며 강렬한 인상을 남기기 시작했다. 또 어린시절부터 모험심이 강하고 반항적이었으며 독창적인 사고방식을 갖고 있던 그녀는 문학, 예술, 패션과 관련된 책을 무엇이든 가리지 않고 습득하여 탁월한 지식 세계와 대화법으로 사람들의 이목을 끄는 사람이 되었다.

그녀의 강렬한 인상에 대해 소설가 트루먼 커포티는 "오직 천재만이 그녀를 알아볼 수 있으므로 그녀의 천재성을 알아보는 사람은 극히 드물다"라고 밝히기도 했는데 그녀는 패션에디터로 일하며 지금까지도 명성을 얻고 있는 디자이너 마놀로 블라닉, 다이앤 본 퍼스텐버그 등을 발굴해내기도 한다. 문학과 건축을 공부하던 마놀로 블라닉은 다이애나의 추천으로 슈즈 디자인이라는 것을 알게 되고 첼시의 한 부티크에서부터 여성들을 위한 구두를 만들기 시작한다. 말하자면 〈섹스 앤더 시티〉 캐리의 인생에 가장 행복한 선물을 준 사람 역시 다이애나 브릴랜드라고 할 수 있다.

단조로움을 버리고 파격을 선보이다

〈아이콘〉을 쓴 저자 바버라 캐디는 다이애나는 늘 조수에게 "천박해지는 것을 두려워해서는 안 돼. 오히려 너무 지루하거나 평범하거나 단조로운 것을 피해야지"라고 이야기했다고 밝힌다. 그녀는 아름다운 사진을 아름답게 보이도록 편집하는 것을 지겨워했다. 멋지게 근사한 무언가를 만들어내고 싶어했지만 늘 아름다운 것만 보는 것은 지루한 일이라 생각했다. 그녀가 편집장으로 있을 때의 〈하퍼스 바자〉와 〈보그〉를 살펴보는 것 또한 즐거운 일인데 표지에서부터 그녀의 스타일이 물씬 묻어나고 있고 파격적인 스타일의 표지를 만들어내는 데에도 주저함이 없었기 때문이다. 지금과는 확연히 다른 파격적인 아르데코 스타일이나 일러스트를 사용했던 패션지의 표지를 감상할 수 있을 것이다. 안나 윈투어가 최초로 연예인을 패션지 표지에 쓴 것과는 다른 방식으로 말이다.

얼마 전 유튜브에서 우연히 다이애나 브릴랜드의 인터뷰 동영상을 보게 되었다. 프랑스 태생인 그녀는 묘한 발음의 영어를 읊조리며 격양된 어조로 이야기를 하고 있었다. 시선은 여기저기 분산시키며 말이다. 하지만 그마저도 매력적으로 보였는데, 아마 그녀의 예쁘지 않은 얼굴이 매력 있어 보일 수 있는 이유는 그녀가 갖고 있는 창조력과 상상력이라는 후광 덕분이었을 것이다.

"스타일을 갖는 데 돈이 필요한가?"

다이애나는 자신만만하게 대답한다.

"스타일을 위해서는 영감과 상상력이 필요하다."

스타일은 계단을 내려갈 때도 도움이 되고, 아침에 일어날 때도 필요하다고 생각했던 그녀는 스타일이란 명품 옷으로부터 비롯되는 것이 아니라 자신의 내면에 있는 것들로부터 비롯된다고 믿고 그렇게 실행했다.

그녀는 예일대학교 출신의 잘생긴 은행가 T. 리드 브릴랜드와 결혼하고 런던으로 이주하여 꿈꿔온 삶을 누리게 된다. 이 부부는 집의 대문을 빨간색으로 칠했는데 이는 당시 이웃들에게 큰 충격을 주기도 했다. 점잖은 런던에서 빨간색 대문은 찾아보기 힘들었기 때문이다. 또 이곳에서 란제리 부티크를 열어 상류층으로부터 인기를 끌기도 한다. 다이애나는 제2차 세계대전, 우주시대, 성혁명 같은 다양한 사건들을 직접 목도한 시간대를 살아가며 그것들을 모두 자신의 상상력과 결합시켜 잡지에서 풀어내기도 했다.

그녀는 "새로 산 드레스가 당신을 어딘가로 데려다주지는 않는다. 그 드레스를 입고 있는 지금, 그리고 당신이 그것을 입기 전의 삶, 그리고 그것을 입고 살아갈 인생이 중요하다"고 밝히는 만큼 자신의 삶을 중요하게 여기기도 했다. 잡지사 일에 매진하는 가운데에도 주말이면 뉴욕 교외에 있는 브루스터의 집에서 지내며 디자이너와 배우, 작가들과 사교 모임을 즐기기도 했다. 그들은 늘 파티를 즐기며 흥미로운 인물들을 만났고, 생기 가득한 인생을 살기 위해 노력했다.

새롭게, 더 새롭게. 창조의 아이콘이 되다

깡마른 체구에 검정색 원피스를 입고 겹겹이 차고 있는 팔찌와 주렁주렁한 목걸이를 매고 있는 그녀의 모습을 보고 있노라면 인생을 있는 힘껏 즐기고 싶었던, 할 수 있는 모든 것을 창조해내고 싶었던, 여성들에게 스타일을 선물하고 싶었던 한 여인의 집념이 보인다. 그것이 설령 '악마'라는 호칭의 원조였다고 할지라도 우리는 모두 그녀가 던진 그 달콤한 그물에 빠져들었다. 그리고 그녀를 워너비 모델로 삼은 에디터들이 여전히 패션 필드에서 그녀의 뒤를 잇고 있다.

하이힐을 신고 싶지만 운동화 같은 편안함을 느끼고 싶어 하는 여성들을 위해 운동화에 하이힐 문양을 프린트하는 디자이너들이 생겨나고 있는 이 시대에, 하늘 아래 더 이상 새로울 것이 없어 보이지만 미세한 차이의 창조의 창조를 거듭하며 늘 새로운 것으로 소비자들을 자극하고 있는 그 출발선상에는 다이애나 브릴랜드가 있다. 그녀는 우리에게 남의 눈치를 보지 말고 좀 더 과감해지라고 속삭인다.

우리 또한 그녀만큼의 아름다움을 창조하며 살아갈 권리가 있다. 그리고 우리가 창조해낸 그 스타일이 우리의 기상 시간도, 계단을 올라가는 시간도 즐겁게 변화시켜줄 것이다.

"스타일을 가져야 한다.
스타일은 계단을 내려갈 때도 도움이 되고,
아침에 일어날 때도 필요하다.
스타일은 삶의 방식이다.
스타일이 없다면 당신은 아무도 아니다."

정신의 풍요가 삶의 여유를 만든다

세계에서 가장 유명한 퍼스트레이디
재클린 케네디 (Jacqueline Kennedy)

"**국민 여러분,** 조국이 여러분을 위해 무엇을 할 수 있을 것인지 묻지 말고, 여러분이 조국을 위해 무엇을 할 수 있는지 스스로에게 물어보십시오. 세계의 시민 여러분, 미국이 여러분을 위해 무엇을 베풀 것인지 묻지 말고, 우리 모두가 손잡고 인간의 자유를 위해 무엇을 할 수 있을지 스스로에게 물어보십시오."

1961년 1월 20일, 존 F. 케네디가 미국 35대 대통령에 당선되어 그토록 유명한 취임 연설을 하고 있을 때, 30대 초반의 매력적인 여성이 그의 곁을 지키고 있었다. 하원의원을 지내던 케네디와 만나 1953년 그와 결혼하고 몇 년이 채 지나지 않아 최연소 퍼스트레이디가 된 재클린 케네디다.

아일랜드인의 피와 프랑스인의 혈통이 섞여 있던 묘한 매력을 풍기는 이 여성은 영부인의 자리에 오른 후 단번에 미국의 이미지 개선에 나서고 각국을 순방하며 미국 대변인의 역할을 완벽하게 수행해내지만 그 생활은 오래가지 않았다. 1963년 댈러스에서 지붕 없는 차를 타고 퍼레이드를 하던 중 케네디는 리 하비 오스월드에 의해 저격 당하여 사망하게 된다. 미국인들은 재클린이 두 자녀인 존 F. 케네디 주니어와 캐롤라인 케네디 슐로스버그를 키우며 영부인의 모습을 간직한 채 조용히 살아가길 원하지만 그녀는 자신의 인생을 찾아 미망인이 되어버린 퍼스트레이디의 자리에서 물러난다.

퍼스트레이디의 역사를 새로 쓰다

오늘날의 패션지에서 모델 못지 않게 자주 등장하는 인물이 바로 퍼스트레이디들이다. 럭셔리한 명품은 물론이고 전 국민적인 브랜드를 즐기며 패션을 통해서도 대중과 소통하길 원하는 미국의 미셸 오바마나 늘 완벽한 룩을 보여주는 모델 출신의 프랑스 영부인인 카를라 브루니의 패션은 정치적 현황 못지 않게 많은 이들의 호기심을 불러일으키는 사안이다. 영부인들이 좀 더 화려하고 다이내믹한 의상을 즐기게 된 데에는 재클린 케네디의 영향이 크다. 그녀는 영부인이 된 이래 기존의 딱딱한 영부인 패션을 버리고 미국적인 우아함으로 미국의 이미지를 대변하기 시작했다.

케네디와 결혼할 때 입었던 흑인 디자이너 앤 로우의 A라인 웨딩 드레스와 함께 착용했던 진주 목걸이와 오렌지 꽃장식의 왕관과 레이스 베일은 오늘날까지도 웨딩드레스의 교본이 되어주고 있다. 케네디의 애도 기간에는 이탈리아 디자이너인 발렌티노의 원피스를 입었다. 그 후 그리스의 부호 선박왕 오나시스와 재혼할 때에도 발렌티노의 투피스 스타일 원피스를 입었는데, 이 또한 품위와 우아함은 물론이고 유쾌함까지 동시에 느낄 수 있는 디자인으로 과하지도 덜하지도 않은 그녀의 감각을 느낄 수 있다. 그녀가 케네디 대통령 취임식 때 입었던 뉴트럴 컬러의 코트와 모자는 물론이고 오드리 햅번 스타일의 민소매 원피스와 소련의 최고 통치자 흐루쇼프도 반했던 핑크색 모슬린 드레스, 얼굴을 반쯤 가리는 선글라스 등은 세월이 흘러도 여성들의 워너비 아이템으로 여전히 사랑 받고 있다.

재클린 케네디가 묘한 매력의 소유자가 될 수 있었던 데에는 극단적인 성향을 갖고 있는 부모의 역할이 컸다. 예쁜 여성들을 좋아했으며, 씀씀이가 헤펐지만 언제나 멋스러운 옷을 챙겨 입고 다녔으며 건장한 체격에 얼굴까지 잘생겼던 재클린의 아버지는 언제나 그녀를 자랑스러워하고 예쁘다는 칭찬을 입에 달고 살았다. 반면 어머니는 칭찬에 인색했고 완벽함을 추구했기 때문에 자신의 딸들도 언제나 아름답기를 원했고 기대에 미치지 못할 때는 비난도 서슴지 않았다. 그녀는 어머니로부터 올곧은 자세와 완벽주의적 성향을, 아버지로부터 이성에게 매력적으로 어필할 수 있는 법과 환한 표정 등을 배웠다. 이는 모두 재클린이 사교계의 유명 인사가 된 후에도 요긴하게 사용되는 항목들이었다.

몸에 딱 달라붙는 민소매 원피스와 단추가 달린 정장 등 멋을 부리지 않는 간단한 디자인으로 최고의 우아함을 보여준 그녀는 삭막했던 백악관도 자신의 스타일로 바꿔놓기로 마음 먹는다. 존 F. 케네디 시절의 커다란 업적 중 하나로 남아 있는 이 사업은 미국을 대변하는 백악관의 이미지를 변신시키며 미국 전체의 이미지를 업그레이드해 주었다. 세금을 엉뚱한 곳에 낭비한다는 비난과 겉모습에 연연한다는 비판이 두려웠던 케네디 대통령은 이에 반대하기도 했지만 재클린은 사람들을 설득하기 시작하고 결국 '백악관을 위한 미술 위원회'를 발족시키며 지나치게 검소하고 초라해 보이던 백악관에 새 기운을 불어넣기 시작했다. 이때 단순히 자신의 취향을 따라 인테리어를 했던 것은 아니다. 박물관 디렉터와 큐레이터를 비롯해 컬렉터들까지 고용하여 미국을 상징하는 가구와 예술품들로 백악관을 채워나간다. 이후 백악관은 세계 정상들이 미국을 찾았을 때 자랑스럽게 내보일 수 있는 공간이 되었으며, 미국 역사의 집약체라 할 수 있는 곳으로 탈바꿈했다.

다이애나 브릴랜드는 이에 대해 "재클린이 백악관에 멋을 불어넣기 시작하며 고상한 취향이 진가를 발휘하기 시작했다"라고 평가한다. 새롭게 단장한 백악관은 텔레비전 방송을 타고 전 국민에게 전달되기도 했는데 이로 인해 미국 전역에는 신고전주의 가구가 유행했고 재클린의 취향에 사람들은 환호하며 더불어 그녀의 패션 감각까지도 많은 이들의 추앙을 받게 된다.

사실 그녀는 전형적인 미인이 아니었다. 각지고 큰 얼굴은 그녀 스스로도 잘 알고 있었기 때문에 이를 커버하기 위해 패션 아이템들을 활용했다. 물론 그녀의 지적인 내면과 고급스러움이 물씬 풍겨나는 분위기는 꼭 전형적인 비율의 얼굴만이 아름다운 것은 아니라는 것을 말해주고 있기도 하지만 말이다. 그녀의 스타일은 자신의 상황에 따라서 많이 변화되기도 하는데, 어린 시절 프랑스인이었던 할머니의 영향으로 유럽 디자이너의 옷들을 좋아했지만 영부인이 되면서부터는 파스텔 컬러와 화려한 장신구, 심플한 원피스와 함께 굵은 진주 목걸이를 즐기며 우아하게 웨이브진 헤어 스타일로 패션을 완성했다. 존 F. 케네디 서거 이후에는 무채색의 바지나 바바리 코트, 큰 선글라스와 스카프를 자유롭게 매치하여 또 다른 스타일로 여성들의 롤 모델이 되어주었다.

물론 이 모든 행동에 대해 사치스럽다는 이유로 비난의 화살을 보낸 이들도 있었다. 그렇지만 그녀는 자신에게 주어진 상황에 가장 아름답게 드러날 수 있는 옷을 입고자 했고, 미국을 대변하는 자신의 위치에 누가 되지 않기 위해 노력했다. 퍼스트레이디 자리를 떠난 후 그녀의 패션을 살펴보면 그녀가 지나치게 드레스업 한 스타일보다는 자연스러운 프렌치 시크의 감성으로 옷을 입는 것을 더 즐긴다는 사실을 알게 된다. 지적으로 풍요로웠던 내면 세계의 중요성은 물론이고 보이는 것의 중요함을 퍼스트레이디의 자리에서 몸소 실현하며 살았던 재클린 케네디가 재키 스타일을 창조하며 오늘날까지도 워너비 모델이 되고 있다는 것은 당연한 일일 것이다.

불행의 시간에서 새로운 돌파구를 찾다

11살이 되었을 때 재클린은 인생의 첫 번째 시련을 맞이한다. 바로 부모의 이혼이었다. 재클린 케네디는 평소 케네디 대통령을 향해 "아이들을 훌륭하게 키우지 못한다면, 나는 당신이 아무리 다른 일을 잘한다 하더라도 그리 대단치 않다고 생각해요"라고 말하곤 했는데, 가정을 최우선에 두는 것은 이때 받았던 상처가 너무 컸기 때문일 것이다. 당시에는 이혼하는 사람들이 많지 않았기 때문에 돈 문제로 이혼을 선택한 그녀의 부모는 비난을 면할 수 없었고, 이는 재클린에게도 큰 충격으로 다가왔다. 새아버지와 살게 된 낯선 환경도 적응하기 어려웠으며, 또 서로를 비난하기만 하는 부모를 볼 때면 마음이 안타까웠다. 사람들의 질타도 참기 힘들었다.

　이때 재클린이 인생의 돌파구로 삼았던 것은 바로 독서와 승마였다. 독서광으로 알려진 재클린은 예술, 문화, 고전 등 다양한 분야를 섭렵하며 충만한 지식세계를 구축하기 시작한다. 이는 훗날 그녀가 사교계의 유명 인사가 되게 하는 데에도 큰 도움이 되었으며 다양한 분야의 사람을 만나는 영부인의 자리를 수행하면서도 상대방에게 신뢰감과 호감을 얻기 위한 하나의 방편이 되어주었다. 승마는 그녀의 지친 마음을 쉴 수 있도록 도와주었다. 자신의 말과 함께 시원한 바람을 맞으며 넓은 평야를 달리는 기분은 어린 나이에 감당해야 했던 스트레스를 모두 제거할 수 있도록 도왔던 것이다. 이는 평생 재클린의 취미 활동이 되어주었는데, 화가 나는 일이 있을 때 사람을 대상으로 화풀이를 하는 것이 아니라 체력을 소진시키며 관심사를 돌리는 방법은 이미지 관리를 중요하게 여겼던 재클린 케네디에게 좋은 대안이 되어주었다.

　케네디와의 결혼 생활 역시 마냥 행복할 수만은 없었다. 명문가 집안의 자제였고 하버드 출신의 잘생기고 스마트한 남성이었던 존 F. 케네디였지만 그의 바람기는 재클린의 마음을 편하게 해주지 않았다. 실제로 케네디는 마릴린 먼로를 포함한 많은 여성들과 염문을 뿌렸기 때문에 재클린은 사람들의 수군거림을 감내하며 살아야 했다. 1962년 케네디의 생일에 마릴린 먼로는 공개석상에서 〈해피 버스데이, 미스터 프레지던트〉라는 생일 축하곡을 부르며 또 한번의 이슈를 몰고 오기도 했다. 하지만 당시 36세였던 마릴린 먼로는 이 무대를 마지막으로 의문의 죽음을 맞이해야 했다. 약물 과다 복용에 의한 자살로 마무리되었지만 여전히 20세기 가장 논란이 되고 있는 죽음으로 꼽히고 있다.

재클린 케네디가 가장 불행했던 해는 1963년이다. 봄에 태어난 둘째 아들 페트릭이 태어난 지 이틀 만에 죽어버린 것이다. 아이들을 사랑했던 재클린은 가장 고통스러운 시간을 보내야만 했다. 하지만 같은 해에 남편마저 잃어야 했다. 남편을 잃은 재클린은 그 어느 때보다 의연한 태도로 국민들을 놀라게 했다. 한 남성의 아내라는 자리보다는 한 국가의 어머니임을 기억하고 있었던 것이다. 불안감으로 들끓고 있던 분위기였지만 남편의 운구 행렬을 할 때에 테러의 위협에도 불구하고 차에서 내려 직접 걸으며 남편의 죽음을 애도했으며 감정에 매여 있기보다는 의연한 태도를 보이며 사람들을 안심시키고자 노력했다. 또 남편의 죽음으로 케네디 대통령 시절의 역사마저 얼룩지는 것을 원하지 않았던 재클린이었기에 직접 기자들을 만나 인터뷰를 하며 케네디 대통령의 업적을 지키기 위해 노력했다.

화려한 스포트라이트를 뒤로하고 평범한 여인으로

"왜 저를 따라다니며 계속해서 사진을 찍으시나요?"

"당신은 나에게, 그리고 세상 모든 이에게 살아 있는 신화니까요."

재클린 케네디와 그녀의 파파라치 사진을 찍던 사진가 세티미오 가리타노의 대화다. 그는 재클린이 미망인이 된 후에도 계속해서 그녀의 사진을 찍었다. 그리고 그 사진들은 재클린 케네디의 모습을 기억할 수 있는 매우 귀중한 자료로 남아 있다.

얼마 전 한 패션 브랜드에서 재클린 케네디가 이탈리아의 카프리 섬에서 휴가를 즐기는 모습들을 엄선하여 전시회를 열었던 적이 있다. 선박왕 오나시스와 1968년 재혼한 재클린 케네디의 1969년부터 1973년까지의 모습을 볼 수 있는 전시회였다. 그 사진 속에 있는 재클린 케네디는 영부인 시절의 재클린과는 또 다른 사람이라고 해도 믿을 정도로 달라진 모습이었다. 자신의 모든 것이 뉴스거리가 되었던 미국에서의 생활에서 벗어나 자신이 만끽할 수 있는 모든 자유를 누리고 있는 표정이었다. 아이스크림 콘을 들고 행복해하는 모습이나 카프리 광장에서 카푸치노를 즐기는 모습, 머리에 두건을 질끈 묶고 노점상에서 호기심 가득한 표정으로 물건들을 바라보고 있는 그녀의 모습은 영부인이라는 무거운 직책을 완벽하게 해내던 여성이 맞나 싶기도 했다. 백악관에서 벗어나 세상 속으로 나와 평범한 것들에 행복해하는 여인의 모습이 그곳에 있었다.

정신적 풍요를 중시하던 그녀는 오나시스와의 결혼 생활을 이어가면서도 여전히 책을 읽었다. 이들은 예전부터 알고 지내던 사이였지만 막상 결혼 생활에 돌입하자 관계가 삐걱거리기 시작했다. 오나시스는 집에만 오면 늘 침대에서 책을 읽는 그녀가 못마땅했고, 재클린 역시 책에는 관심도 없는 남자였던 오나시스가 만족스럽지 못했다. 결국 두 사람은 이혼 소송에 들어가지만 1975년 오나시스가 세상을 뜨며 재클린은 다시 한번 미망인이 되었다.

다시 혼자가 된 재클린은 직접 출판사에 취직하여 편집자가 되었다. 고급 서적을 섭렵했던 그녀이기에 편집자로서의 능력은 탁월했고, 다양한 사교계 인사들에게 책을 만들자고 섭외할 수 있는 능력도 있었다. 재클린은 베스트셀러를 탄생시키며 출판인으로서의 자질을 인정받기도 했으며, 자선사업에 몰두하며 자신만의 세계를 만들어나간다. 이 시기 또 한 명의 남자가 재클린에게 사랑으로 다가온다. 그는 출판 사업을 하고 있는 모리스 템펄스먼이었다. 같은 분야 종사자였으며 책을 사랑했던 모리스 템펄스먼과 함께 재클린은 다시 한번 새로운 세상을 만나게 된다. 그녀는 친구들에게 "첫 번째 남자는 사랑을 위해서, 두 번째 남자는 돈을 위해서, 세 번째 남자는 안정을 위해서"라고 밝히곤 했는데 명예와 재력을 쥐고 있던 과거 두 남성과는 달리 화려하기보다는 조용히 자신의 사업을 꾸리며 살아가는 모리스에게서 편안함과 안락함을 느낄 수 있었던 것 같다. 그는 1994년 재클린이 낙마 사고를 당해 악성 림프종에 걸려 사망할 때까지 그녀의 곁을 지켜준다.

재클린 케네디의 인생 행보는 그녀의 밝은 표정만큼 행복한 것들로만 가득 차 있지는 않았다. 사랑하는 사람의 죽음을 맞이하기도 했으며, 전 국민이 다 아는 미망인이 되기도 했다. 또 가장 즐기던 취미인 승마로 인해 병을 얻어 인생의 마지막을 암과 싸워야 했다. 하지만 그녀는 이야기한다. "좋은 일, 궂은 일, 역경, 기쁨, 비극, 사랑과 행복이 모두 어우러져 하나의 인생이 되죠. 좋은 일과 나쁜 일은 떼어놓고 생각할 수 없어요"라고.

그녀가 위기의 순간마다 좌절하거나 주저앉지 않을 수 있었던 이유는 인생을 바라보는 깊이 있는 시선이 있기에 가능한 것이었다. 병을 맞이하거나 죽음을 맞이하면서도 주변사람들을 안심시키며 의연하게 대처하는 것은 삶을 지탱할 수 있는 힘이 내재되어 있는 여인이기 때문이었다.

위기를 극복할 수 있는 능력을 길러라. 이 힘이 인생이 엉뚱한 곳에서 멈춰버리지 않도록 도와줄 것이다.

세계인을 사로잡은 강인한 여인

재클린 케네디는 우아한 외모와 나긋나긋한 말투로 미국인의 마음을 사로잡았다. 그리고 자신이 처해 있는 현실을 직시하고 마음이 움직이는 것에 따른 선택을 하며 자신의 인생을 꾸려나갔다. 물론 보통 여인들이 겪기 쉽지 않은 인생의 아픔들을 경험하게 되지만 그 자리에서 주저앉지 않고 자신의 세계를 찾아나섰다. 남편과의 불화 속에서도 퍼스트레이디의 자리를 완벽하게 수행했고, 남편과 아들이 죽은 후에도 계속해서 독서하고 배우며 여성스러운 외모와는 달리 강인한 정신력을 갖게 된다.

그녀가 결혼식을 올릴 때 우리에게 보여주던 미소도, 자녀들과 함께 있을 때 사랑을 듬뿍 담은 눈길로 아이들에게 보내주던 미소도, 출판인이 된 후에 자유로운 옷 속에 몸을 싣고 산들바람과 같이 보내주던 미소도 우리에게 사랑스럽게 다가오는 이유는 그녀가 갖고 있던 정신의 풍요 때문이었을 것이다. 만약 그녀가 존 F. 케네디가 암살 당한 이후, 자신

의 꿈을 모두 접은 채 조용히 아이들의 엄마로만 살아갔다면 미국인들의 바람은 이루어졌겠지만 그녀 스스로의 인생에는 만족하지 못했을 것이다. 그리고 오늘날 여성들의 롤모델이 되지도 않았을 것이다.

마음의 소리에 귀 기울이며 원하는 바가 무엇인지 알고 그에 맞는 인생을 찾아나가는 삶. 그녀가 단순히 퍼스트레이디의 자리에만 머무르고 있지 않은 이유였다.

"좋은 일, 궂은 일, 역경, 기쁨, 비극,
사랑과 행복이 모두 어우러져
하나의 인생이 되죠.
좋은 일과 나쁜 일은
떼어놓고 생각할 수 없어요."

일상은 우리 인생의 가장 강력한 무기이다

살림을 직업으로 바꿔낸 라이프 스타일 디자이너

마사 스튜어트 (Martha Stewart)

"일상적인 하루를 보냈어"라는 대답은 오늘 하루 어땠냐는 질문에 대한 가장 평범하고 재미없는 대답이다. 우리는 대개 매일 되풀이되는 진부한 날을 일상적이라고 부른다. 하지만 우리는 이 일상적이라는 것을 결코 가볍게 여겨서는 안 된다. 어떠한 사건이나 역사도 '일상성'을 배제하고는 일어나기 힘들며 일상 위에서 개인은 꿈꾸고, 조직은 변혁을 꿈꾼다. 일상생활은 우리 인생의 토대가 되어 주며 우리의 모습을 비추는 적나라한 삶의 태도를 보여준다.

이 일상성을 무기로 억만장자가 된 여성이 있다. 그녀는 그저 법대생인 남편을 만나 내조를 하는 여성일 뿐이었지만, 매일 되풀이되는 살림을 좀 더 아름답게 꾸미고 즐겁게 일하자는 욕구로 기업을 세우기에 이른다. 일상을 무의미하게 보내는 사람이라면 할 수 없었던 일이다.

매일 하는 살림에서 금맥을 발견하다

살림하는 방법을 책과 방송, 잡지의 매체에 전달하며 현존하는 최고의 살림꾼으로 알려져 있는 마사 스튜어트는 미디어에 조금이라도 관심이 있는 사람이라면 어디선가는 접해 보았을 이름이다. 그녀의 방송 프로그램 〈마사 스튜어트 리빙〉은 182개 도시에 있는 방송국에 팔렸으며 집 안에서 살림을 하는 많은 여성들이 아침마다 마사의 목소리를 들으며 청소기를 돌리고 세탁기를 돌렸다. 그녀는 주부들의 가장 좋은 친구이며 롤모델이 되어주었다.

나 역시 그녀의 이름을 들어보았지만 그저 다른 주부들에 비해 약간 센스가 있고 약삭빠른 여성이라고 알고 있는 정도였다. 그녀의 진가를 알게 된 계기는 결혼을 준비할 때였다.

내가 신혼집을 꾸밀 때 가장 중점을 두었던 점은 벽지를 고르는 일과 조명을 다는 일이었다. 이 두 가지만 잘 선택하면 아무리 시골에 있는 허물어져가는 농가라도 분위기 있게 탈바꿈할 수 있다고 생각했다. 그렇지만 아무리 인테리어 업체를 찾아다녀도 마음에 드는 컬러를 찾는 건 쉬운 일이 아니었다. 어디에든 내가 원하는 벽지가 기다리고 있을 거란 생각은 오산이었다. 아무리 인테리어 업체 주인에게 내가 원하는 느낌을 이야기해도 원색의 크레파스 같은 색깔이나 이상한 무늬가 찍혀 있는 촌스러운 벽지의 시안을 보여주기만 했다.

그러던 중 서울 압구정동에 팝업 스토어로 생긴 '타셴' 책방에서 받았던 〈마사 스튜어트 리빙〉이라는 잡지를 보게 되었고, 그녀가 소개하는 리빙 페인트 기사를 보며 무릎을 쳤다. 내가 원하는 색들은 전부 그곳에 실려 있었다. 방마다 다른 컬러의 단색 벽지를 바르고 싶었던 나는 그 페인트 색깔을 샘플 삼아 벽지를 찾아다녔다. 아마 내가 방에 페인트를 칠할 계획을 갖고 있었다면 마사의 페인트를 어떻게든 구해서 칠했을 것이다.

마사 스튜어트의 능력은 여기에 있다. 작은 색깔의 차이가 얼마나 집안의 분위기를 좌우하는지 알고 있었고, 그것을 상품으로 만들어냈다. 그리고 컵케이크를 하나 만들더라도 더 세련되고 먹음직스럽게 보이도록 데코레이션하는 방법을 알고 있으며 아기의 100일을 축하하는 파티 때 정성스럽고 행복한 소품 하나가 만들어내는 분위기의 전환을 알고 있었다. 그녀의 능력은 주부들이 하기 싫어하는 살림을 좀 더 기쁘고 행복한 일이 되게끔 바꿔주겠다는 작은 의지에서 시작했다.

2만 9,000달러의 폐가를 고쳐 850만 달러에 되판 재테크의 달인

마사 스튜어트는 1941년 8월 3일 미국 뉴저지 주의 너틀리에서 가난한 폴란드계 이민자의 둘째딸로 태어났다. 본명은 마사 코스티라. 그녀의 세련되고 고급스러운 감성을 보았을 때 출생 배경은 약간의 충격을 준다. 마사의 화려한 미소와 자신감 넘치는 말투는 상류층의 그것을 빼다 박았기 때문에 그녀가 가난한 집에서 태어났다고는 유추하기 힘들기 때문이다. 이 점은 그녀의 안티팬들에게 또 다른 빌미를 주기도 한다. 어린시절 누리지 못했던 것들을 보상 받으려는 심리 때문에 평범해도 좋을 가정생활을 더 화려하고, 아름다운 것들로 채우려 욕심을 부린다는 것이 그 이유였다.

그녀의 정체성이 변화되기 시작한 시점은 대학생이 되면서부터다. 그녀는 미국 여자 대학의 아이비리그로 불리는 버나드 여대에 입학했고 학비를 벌기 위해 모델 일을 시작했다. 대학 3학년 때인 1961년에는 잡지 〈글래머〉가 선정한 10대 베스트 드레서 여대생에 뽑히며 이름을 알린다. 이는 단순히 잡지에 스트리트 패션 사진이 실린 것과는 질적으로 다른 것이었다. 마사 스튜어트보다 1년 먼저 베스트 드레서 여대생에 뽑혔던 모델 노마 콜리어는 얼마 지나지 않아 각종 패션지에 실리며 얼굴을 알리게 되었고 당대의 패셔니스타였던 영부인 재클린 케네디조차 노마를 모방했다는 이야기를 들을 정도였으니 말이다.

마사 역시 이 일을 계기로 자신 안에 내재되어 있던 스타의 잠재력을 확인한다. 그러나 그 해 예일대 법대생이었던 앤디 스튜어트와 결혼한 후 그를 위해 자신의 모든 것을 포기하고 그가 학위를 딸 수 있도록 뉴 헤이븐으로 거처를 옮겨 집안에서 내조를 시작했다. 대학 졸업 후 뉴욕으로 돌아온 앤디는 작은 법률 회사에 취직하게 된다. 생활이 안정되며 마사는 사회생활을 하고 싶은 욕구를 다시 한번 느끼게 되고 증권 중개인이었던 시아버지의 권유로 월스트리트에 진출하여 주식 중개인이라는 직업을 갖게 되지만 온갖 권모술수가 판을 치는 이곳에 환멸을 느끼고 코네티컷 주에 있는 낡은 농가를 한 채 구입하여 이사를 한다.

이때부터 마사의 능력은 빛을 발하기 시작한다. 이 낡은 농가는 마사의 손을 거치고 난 후 코네티컷의 명소가 되고 모든 이들이 그녀의 집을 부러워하고 경탄하게 된다. 실제로 마사 스튜어트가 한국을 방문해 'Change your life'라는 주제로 강연을 할 때에도 코네티컷의 주택에 대해 '지금의 마사 스튜어트가 있게 한 곳'이라며 강조했다. 50년간 비어 있던 2만 9,000달러의 폐가가 그녀의 손을 거쳐 850만 달러에 팔린 최고급 주택이 된 것이다.

1,000만 부 이상 팔린 베스트셀러 작가로

얼마 전, 한 텔레비전 토크쇼에 억대 연봉을 받으며 일하는 재택 근무 종사자들이 출연했다. 그들은 뜨개질을 하거나 도시락을 만들거나 돌상을 차리면서 돈을 벌고 있었다. 과거에는 그저 취미로 했던 일이었지만 이젠 하나의 사업이 되어 엄청난 수익을 남기는 업종으로 변화된 것이다.

사람들에게 가장 일상적으로 필요한 업종이지만 그렇기 때문에 더 큰 사업성을 가져올 수 있는 것이다. 그들이 말하는 성공 비법은 하나 같이 "미리 그 사업을 선점하는 것"이었다. 그리고 이 모든 사업의 가장 선두 주자는 바로 마사 스튜어트였다. 그녀는 요리, 가드닝, 웨딩, 어린이 관련 사업에까지 자신의 영역을 확장했고, 손을 대는 종목마다 엄청난 수익을 남기게 된다.

마사 스튜어트는 주문 요리 사업에 뛰어난 재능을 보이며 승승장구하기 시작한다. 여덟 명의 가족들이 방 3개와 욕실 1개가 있는 가난한 집에서 생활해야 했지만 놀랍게도 그녀의 감각은 부모들에게서 물려받은 것이었다. 마사의 어머니는 유럽 스타일의 레시피를 이용하여 가족들에게 맛있는 음식을 먹였으며 공예 작업하는 방법과 바느질도 마사에게 가르쳤다. 그녀의 아버지는 고등학교 교사와 제약회사 세일즈맨 등

이런저런 직업을 전전하다 마음에 들지 않는다며 모두 그만두고 술을 벗삼아 살긴 했지만 예술적 감수성과 심미안을 지니고 있던 인물로 지하실에 현상소를 꾸며놓고 아름다운 작품을 만드는 것을 즐기기도 했다. 마사는 부모로부터 삶의 세세한 부분에서도 창의력 있는 인생을 사는 법을 배운 것이다.

주문 요리 사업이 날로 커지며 우아한 요리법과 아름다운 상차림의 비법이 담긴 책 〈엔터테이닝〉이 출간된다. 이 책은 50만 부 이상이 팔리며 요리책의 고전이 되고 그녀가 이후에 내는 책들은 모두 1,000만 부 이상 팔리며 명성과 재산을 한꺼번에 얻게 된다. 그녀의 사업은 여기에서 그치지 않는다. 출판, 텔레비전, 소매, 인터넷 마케팅 등의 사업을 하는 마사 스튜어트의 '리빙 옴니미디어' 기업을 뉴욕 증시에 상장시키며 6억 달러의 재산을 손에 쥐기도 했다. 그녀의 회사는 잡지 〈마사 스튜어트 리빙〉과 〈마사 스튜어트 웨딩〉, 〈마사 스튜어트 베이비〉, 〈마사 스튜어트 키즈〉를 매달 발간하고 있으며 방송 프로그램 〈마사 스튜어트 리빙〉과 〈프롬 마사스 키친〉을 제작하기도 한다. 또 인터넷 사이트 '마사 스튜어트 닷 컴'은 그녀의 음식 레시피와 각종 살림 팁에 대한 정보를 제공하고 있으며 더불어 부엌 용품들과 각종 생활 용품을 구입할 수도 있는 창구로 사용되고 있다.

물론 그녀에게도 시련은 있었다. 주식 내부자거래 혐의로 위기를 맞기도 했으며 그녀의 책들은 '있는 척하기의 극치'라는 혹평을 받기도 했다. 이후 그녀의 성격이 다혈질이며 폭군처럼 행동한다는 제보가 잇달아 발생하며 대중의 야유를 받기도 한다. 또 그녀에 대한 최악의 험담들이 담겨 있는 제리 오펜하이머의 책 〈마사 스튜어트-디저트만 주세요〉가 발간되면서 그녀의 사생활이 전부 밝혀졌고 그로 인해 그녀의 명예는 추락을 맛보기도 했다. 그녀와 결혼했던 앤디 스튜어트는 마사와 이혼한 후 그녀의 비서였던 로빈 페어클러프트와 결혼한다. 최고로 아름다운 가정을 꾸미고 살림을 하는 방법을 전하던 여성이 이혼을 한 것 역시 어떤 이들에게는 손가락질할 만한 일로 다가왔다. 그녀는 사법방해와 음모, 허위진술 등의 혐의로 징역 5개월 형을 선고 받기도 했다.

그러나 그녀는 이 모든 인생의 어려움을 극복하고 여전히 미국인의 삶을 요리하고 있다. 또 전 세계적으로 자신의 자리를 넓히며 삶의 곳곳에 그녀의 손길을 뻗고 있다. 마사 스튜어트는 자신이 가장 잘할 수 있는 일을 통해 세계에서 가장 유명한 사람이 되었다.

호기심과 열정으로 세계의 정점에 선 주부

사실 그녀의 인생은 작은 법률 회사에 다니는 변호사의 아내로 운명지어졌을 수도 있었다. 그것도 나쁘지는 않았을 것이다. 그녀를 닮은 딸 아이를 낳고 남편과 함께 자신만의 가정을 꾸리며 살아갔을 것이다.

하지만 그녀는 하나의 식탁을 책임지기에는 그릇이 너무 큰 사람이었다. 미국인들의 식탁을 자신의 손으로 데코레이팅 하고 싶었고, 결혼과 출산 등 여성들이 겪어야 하는 일이 좀 더 아름다운 것이 되길 원했다.

마사 스튜어트는 〈포춘〉지에 의해 '가장 유력한 여성 50인'에 두 번이나 선정되었고 〈타임〉지 역시 그녀를 '미국에서 가장 영향력 있는 25인'에 선정하기도 했다. 그녀는 자신의 이름을 내건 사업으로 세계적으로 성공하고 있는 사업가이기도 하다. 그녀가 말하는 성공 노하우는 네 가지로 요약할 수 있다.

첫째, 열정을 갖고 삶에 임하라.
둘째, 작고 사소한 것에서도 아이디어를 찾아내라.
셋째, 매사에 호기심을 갖고 혁신하라.
넷째, 일상에서 영감을 발견하라.

실제로 그녀가 해낸 일은 거창하거나 없던 것을 새롭게 만들어낸 창조적인 일은 아니었다. 그저 똑같은 요리를 어떻게 하면 더 먹음직스럽게 보일 수 있는지 노력했을 뿐이고, 쓰러져가는 집을 수리해서 쓸만하게 만들어 놓았을 뿐이다. 남들은 마지못해 하던 요리나 살림을 철저히 즐기며 노동이 아닌 놀이로 만들어 놓았을 뿐이다. 이는 열정과 호기심이 있어야 가능한 것들이다. 또 아름다운 것을 탐하고 심미안의 눈을 갖는 것도 필요하다.

우리의 시대는 점점 더 '있는 척하기 병'에 걸린 사람들로 가득 매워져 가고 있다. 어쩌면 이는 문명의 발달과 함께 삶의 편리함을 강조하게 되고 즐거움을 누리고 싶어 하는 심리로 인한 어쩔 수 없는 병리적 현상일 수 있다. 그녀는 눈치 빠르게 이를 캐치해내고 더 예쁘고 아름다운 것으로 우리의 삶을 꾸미는 사업에 뛰어든 것이다. 작은 부분에서도 아이디어를 내놓고 좋은 아이디어인지 아닌지를 판별하는 습관은 그녀를 성공의 길로 인도했다.

또 앞에 나서는 것을 두려워하지 않고 당당하게 사업적 수완을 발휘했던 그녀의 성격 역시 사업가로서 꼭 필요한 것이었다. 모델 아르바이트를 했을 때나 주식 중개인으로 일한 경험이 그녀의 이러한 기질을 더욱 발전시켜주었을 것이다.

그녀의 아버지는 체육 교사와 세일즈맨이라는 직업이 자신과 맞지 않는다며 내동댕이치고 술에 빠져들었지만 마사는 그녀가 했던 모든 일을 자신의 것으로 받아들이고 발전시켜 온전히 자신의 이름을 건 사업으로 만들어냈다.

> *"우리에게 살림살이는 예술이며,*
> *가족, 친구, 전통, 좋은 음식, 창의성이*
> *어우러진 삶의 축제다."*

일상에 대한 관심으로 꿈을 이룬 명품 인생

지금도 여전히 세계 곳곳에서는 그녀의 이름이 달린 작은 삽으로 정원을 손질하는 어린아이가 있을 것이고, 그녀의 잡지를 보며 결혼 계획을 세우는 예비 신부가 있을 것이다. 또 그녀가 제안하는 레시피로 가족들의 저녁 식탁을 준비하며 흐뭇해하는 주부가 있을 것이며 그녀의 욕실 장식품을 화장실에 달며 행복해하는 아빠도 있을 것이다.

삶에 대한 진한 애정과 소소한 것들에도 관심을 보이며 좀 더 나은 삶을 만들고자 했던 마사 스튜어트는 우리가 일상생활에 얼마나 충실하게 임하는가의 차이가 인생을 바꿀 수 있다는 것을 보여준다. 그리

고 그녀는 아주 작은 아름다움이 우리의 일상을 훨씬 더 즐겁게 해줄 수 있다는 사실을 알고 있었다. 요즘 파티의 백미로 유행하고 있는 장식품 '팜팜'은 작은 차이가 빚어내는 커다란 변화를 실감하게 해주는 마사 스튜어트의 대표작이다.

그녀에 대해 손가락질하는 대부분의 경우는 "나라도 할 수 있었던 일인데, 그녀가 대신 억만장자가 된 것 같다"는 불만을 품은 사람들일 것이다. 하지만 마사 스튜어트와 그녀를 손가락질하는 그들과의 차이는 미국 최초의 여성 대통령에 도전하는 힐러리와 여자 대통령은 아직 이르다고 주장하는 사람들 사이만큼이나 커다랗다.

일상에 충실하고, 사소한 것에서도 최고가 되기 위해 노력하라. 작은 차이가 명품을 만들어낸다.

| 참고문헌 |

길 트로이, 정성희 옮김, 〈힐러리 論, 세계 최고의 여자〉, 2008

오프라 윈프리, 송제훈 옮김, 〈오프리 윈프리의 특별한 지혜〉, 집사재, 2005

버틸 린트너, 이희영 옮김, 〈아웅산 수 찌와 버마군부〉, reading asia, 2007

와리스 디리, 이다희 옮김, 〈사막의 꽃〉, 섬앤섬, 2005

박근혜, 〈절망은 나를 단련시키고 희망은 나를 움직인다〉, 위즈덤하우스, 2007

홍종화, 〈박근혜〉, 청어, 2010

앤 에드워드, 김선형 옮김, 〈마리아 칼라스〉, 해냄출판사, 2005

고승제, 〈마가릿 대처〉, 아침나라, 1994

멜리사 헬스턴, 이다혜 옮김, 〈워너비 오드리〉, 웅진씽크빅, 2009

움베르트 에코, 이현경 옮김, 〈미의 역사〉, 열린책들, 2005

콜린 섹스턴, 김명신 옮김, 〈조앤 롤링〉, 성우, 2006

클라우디아 바우어, 정연진 옮김, 〈프리다 칼로〉, 2007

닉 부이치치, 최종훈 옮김, 〈닉 부이치치의 허그〉, 두란노서원, 2010

이사도라 던컨, 구히서 옮김, 〈이사도라 던컨〉, 경당, 2003

서병훈, 〈포퓰리즘, 현대 민주주의의 위기와 선택〉, 책세상, 2008

게오르그 짐멜, 김덕영 옮김, 〈게오르그 짐멜의 모더니티 읽기〉, 새물결, 2005

앙리 지델, 이원희 옮김, 〈코코샤넬〉, 2008

강민지, 〈패션의 탄생〉, 루비박스, 2011

카미유 끌로델, 김이선 옮김, 〈카미유 클로델 : 거침 없는 호흡으로 삶과 예술을 이야기한
　　　　　　　　　　카미유의 육필 편지〉, 마음산책, 2010

에디트 피아프, 강현주 옮김, 〈마르셀 세르당과 에디트 피아프의 편지〉, 은행나무, 2003

조지 앤더슨, 이종순 옮김, 〈세계 최고의 여성 CEO 칼리 피오리나〉, 해냄, 2003

칼리 피오리나, 공경희 옮김, 〈칼리 피오리나, 힘든 선택들〉, 해냄, 2006

클라우스 휘브너, 장혜경 옮김, 〈마녀에서 예술가로, 오노요코〉, 솔출판사, 2003

베서니 튜더, 강수정 옮김, 〈나의 엄마 타샤 튜더〉, 윌북, 2009

타샤 튜더, 공경희 옮김, 〈행복한 사람 타샤 튜더〉, 윌북, 2006

제인 구달, 김은영 옮김, 〈희망의 밥상〉, 사이언스북스, 2006

메그 그린, 권오열 옮김, 〈제인 구달 이야기〉, 명진출판사, 2010

바버라 캐디, 박인희 옮김, 〈아이콘〉, 거름, 2006

패밀러 클라크 키어우, 정연희 옮김, 〈재키스타일〉, 푸른솔, 2003

크리스토퍼 바이런, 최인자 옮김, 〈마사 스튜어트〉, 동아일보사, 2002

워너비 셀레브리티

초판 1쇄 인쇄 2012년 7월 20일
초판 1쇄 발행 2012년 7월 25일

지은이 김경은
펴낸곳 글라이더
펴낸이 박정화

출판등록 2012년 3월 28일 (제2012-000066호)
주소 120-808 서울시 서대문구 대현동 67-5 대현빌딩 3층
전화 031)938-5799 **팩스** 0303)0949-5799
이메일 gliderbooks@hanmail.net
홈페이지 www.gliderbooks.co.kr

값 13,800원
ISBN 978-89-968780-1-8 13320